しごと場見学!

保育園・幼稚園で働く人たち

しごとの現場と
しくみが
わかる！

木村明子 著

全国中学校進路指導・キャリア教育
連絡協議会推薦

ぺりかん社

この本でみなさんに
伝えたいこと

　私たちの暮らしを支えてくれているさまざまな場所は、たくさんの働く人たちが力を合わせることで成り立っています。たとえば、スーパーマーケットでは売り場で商品を並べている店員さんやレジ係の人と出会いますが、そのお店のバックヤードでは、魚をおろす人や惣菜をつくる人、売り上げを計算する人などさまざまな仕事を受けもつ人たちが、一生懸命に働いています。

　「しごと場見学！」は、私たちの身近にある場所を取り上げて、そこで働く人たちの仕事を紹介するシリーズです。表には出ない、意外な、あるいは地道な仕事をていねいに担う人たちがいることがわかってくると、その仕事場が立体的に、興味深く見えてくるに違いありません。

　そのシリーズの一冊となるこの本では、「保育園と幼稚園」を取りあげ、子どもたちの保育を担当する担任の先生（保育士・幼稚園教師）をはじめ、園運営には欠かせないさまざまな人たちを紹介しています。そして、「両方とも小さな子どもたちが通う、同じような場所に見えるけれど、保育園と幼稚園はどう違うのかな？」というような疑問にも答えています。

　どうぞ、自分が通った保育園や幼稚園を思い出しながら読んでみてください。保育園を卒園した人のなかには、０歳のころから通っていた人もいるでしょう。その場合は、小学校に入学するまで最長６年近くも通ったことになります。小さい赤ちゃんだったあなたが、歩き始め、友だちと楽しく遊び、時にはケンカもして、すくすくと育ってきたようすを園で働く先生方や職員のみなさんはずっと見守ってくれていたのです。また、幼稚園を卒園した人は、入園式の日に両腕を広げて迎えてくれた先生のことや、大きな創作展で友だちと一生懸命つくり上げた作品を宝

物のように思ったことなどが、今も忘れられないかもしれません。
　この本には、園で働くさまざまな大人が登場します。看護師、栄養士、事務職員、用務職員、そして園長、副園長……など、クラス担任の保育士や幼稚園教師とは違って、直接園の中で触れ合わなかった人たちも、あなたの成長を支えてくれていたことに気付くでしょう。そして、もしかしたら、園で過ごした日々が、今のあなたにとても影響を与えていたということにも気付くかもしれません。
　子どもたちは自分より年上のお兄さん・お姉さん、大人たちの姿をよく見ています。「あんなふうになりたい！」というあこがれの気持ちを抱いて、時にはドキドキしながら見つめているのです。「あんなふうになりたい」という思いは、もっともっと大きくなりたいという気持ちです。そういう子どもたちの「大きくなりたい！」気持ちを受けて、保育園・幼稚園で働く大人たちは、子どもたち一人ひとりがその子らしく成長していけるように、そして、自分の足で歩んでいく幸せな一生につながっていくように、懸命に力を尽くしているのです。
　そう考えると、保育園・幼稚園は、一人ひとりの子どもたちの未来につながる仕事場であるともいえるかもしれませんね。子どもたちの"未来"を育てる場、保育園・幼稚園で、大人たちはどのように仕事をしているのでしょうか。さあ、ページをめくってみましょう。そして、この本を読み終えたとき、自分がこれから選ぶ仕事の候補のひとつとして、「保育園・幼稚園で働く」ことを少しでもイメージしていただけたら、書き手としてこんなにうれしいことはありません。

著者

※この本では、つぎのように記しています。
・保育園でも幼稚園でも、あらゆる意味で保育を担う人 ＝「保育者」
・保育園で保育の専門職として働く「保育士」資格をもっている人＝「保育士」
・幼稚園で幼児教育の専門職として働く「幼稚園教諭」免許をもっている人＝「幼稚園教師」
　なお、園内で働く「看護師」や「栄養士」などについて、専門職としての技能を尊重しつつも、ともに子どもたちを保育する職員集団の一員として、園内で"保育者"と称する園もあります。

保育園・幼稚園で働く人たち　目次

この本でみなさんに伝えたいこと ……………………………… 3

Chapter 1

保育園・幼稚園ってどんな場所だろう？

保育園・幼稚園にはこんなにいろいろな仕事があるんだ！ …… 10

Chapter 2

保育園ではどんな人が働いているの？

保育園の一日をCheck！ ………………………………………	16
保育園をイラストで見てみよう ………………………………	18
働いている人にInterview!①**保育士** ……………………	30
働いている人にInterview!②**保育士** ……………………	36
働いている人にInterview!③**看護師** ……………………	42
働いている人にInterview!④**栄養士** ……………………	48
ほかにもこんな仕事があるよ！ ………………………………	54
└ **保育補助、主任保育士、調理師**	

Chapter 3

保育園を支えるためにどんな人が働いているの？

保育園を支える仕事をCheck！　・・・・・・・・・・・・・・・・・・・・・・・・・・・・・・・　58

保育園の一年の行事をイラストで見てみよう　・・・・・・・・・・・・・・・　60

働いている人にInterview!⑤園長　・・・・・・・・・・・・・・・・・・・・・・・・　72

働いている人にInterview!⑥事務職員　・・・・・・・・・・・・・・・・・・・・　78

　ほかにもこんな仕事があるよ！　・・・・・・・・・・・・・・・・・・・・・・・・　84
　└ 副園長、園医、用務職員、保健師

Chapter 4

幼稚園ではどんな人が働いているの？

幼稚園の一日をCheck！ ・・・・・・・・・・・・・・・・・・・・・・・・・・・・・・・・・ 88

幼稚園をイラストで見てみよう ・・・・・・・・・・・・・・・・・・・・・・・・・ 90

働いている人にInterview!⑦**幼稚園教師** ・・・・・・・・・・・・・・・・・・ 102

働いている人にInterview!⑧**幼稚園教師** ・・・・・・・・・・・・・・・・・・ 108

働いている人にInterview!⑨**主幹教諭** ・・・・・・・・・・・・・・・・・・・・ 114

　ほかにもこんな仕事があるよ！ ・・・・・・・・・・・・・・・・・・・・・・・ 120
　└ **体操や英語などの講師、非常勤職員**

Chapter 5

幼稚園を支えるためにどんな人が働いているの？

幼稚園を支える仕事をCheck！ ……………………………… 122
幼稚園の一年の行事をイラストで見てみよう ……………… 124
働いている人にInterview!⑩ **園長** ……………………… 136
働いている人にInterview!⑪ **事務職員** ………………… 142
　ほかにもこんな仕事があるよ！ ………………………… 148
　└ **副園長、用務職員、園バスの運転手**

この本ができるまで ………………………………………… 150
この本に協力してくれた人たち …………………………… 151

Chapter 1

保育園・幼稚園って どんな場所だろう?

保育園・幼稚園には こんなにいろいろな 仕事があるんだ！

なつかしい保育園・幼稚園

　読者のみなさんは、保育園か幼稚園、どちらかを卒園してから小学校に入学したよね。そして、この本を手にしているあなたは、保育園や幼稚園のときの先生が大好きだったから、「自分も保育園（幼稚園）の先生になりたい！」と考えているのかもしれない。

　保育園・幼稚園といえば、笑顔のすてきな先生、楽しくいっしょに遊んでくれた先生、そういった思い出がまず浮かんでくるに違いない。でも、保育園も幼稚園も、クラス担任の先生だけではなく、多くの人たちに支えられているんだ。園舎内外を整備する用務職員、事務仕事を引き受ける事務職員、それから、給食調理を担う栄養士や調理師、また、子どもたちの健康を見守りながら感染症などを防ぐ看護師など、誰もがみ

んな園を担う大切な一員だ。そして、そうした大勢の職員をまとめていく園長や、先生たちのリーダー役の主幹教諭など、園全体を見守る仕事をしている人もいる。この本には、みんなにとっておなじみの担任の先生（保育士、幼稚園教師）に加えて、園内の多くの仕事に就いている人たちの話もたくさん盛り込んだ。読み終えるころには、外から見るだけではわからない、園全体のようすが見えてくるといいなと思っている。

保育園と幼稚園の大きな違い

　ところで、「保育園」と「幼稚園」の違いはどこにあるか知っているかな？　「保育園」は、正式な名称を「保育所」という。「児童福祉法」で、"保育を必要とする子どもたち"を受け入れる施設とされているんだ。"保育を必要とする"とは、保護者（親）が働いていたり、あるいは病気だったりして、日中、保護者が子どもを育てられない状況を指す。「保育所」は、保育の専門家である保育士が常駐し、そういう子どもたちを受け入れて育んでいく施設なんだね。そのため、仕事をしている保護者の都合などに合わせて、朝早くから、園によっては夜遅くまで開いているし、年末年始などを除くと一年のあいだ、園が閉まる（休む）ことはほとんどない。園内の職員が、ローテーション（交代勤務）を組んで長時間かつ一年間の保育を担っているんだ。

　子どもたちは、保護者の出勤時間などに合わせて、朝、いっしょに登園し、保護者がお迎えに来るまで長い時間を園内で過ごす。だから、乳児クラスの場合は、午前中にちょっとしたおやつがあったり、また、どのクラスも給食を食べた後は午睡（お昼寝）をする。そして、午睡から目覚めたらおやつを食べて、夕方まで園内でたっぷり遊ぶ。夕方以降も園で「延長保育」を受ける子どもたちのなかには、保育園で夕食を食べる子どももいる。日中の大半を園内で過ごすんだ。

　一方、「幼稚園」は「学校教育法」に定められた幼児教育施設、つまり、"学校"とされている。ほとんどの幼稚園は小学校と同じような「学期

制」で、学期と学期のあいだには、夏休み・冬休み・春休みがある。また、一日の保育時間は、基本的にはお弁当の時間を除いた4時間だ。子どもたちは、朝、保護者に送られて幼稚園にやってきて、お弁当を食べたら、お迎えを待って帰って行く。そして、園で過ごすあいだ（午前中）、子どもたちは幼稚園教師に見守られながら、友だちと思いっきり遊びつつ、さまざまなことを学んでいく。

保育園と幼稚園のこれからは……

　では、「保育所」と「幼稚園」は、今後とも、それぞれ性格が異なる施設のままなのだろうか。実は近年、両方が歩み寄り、ひとつの「就学前施設」になろうとする動きがあり、実現に向けた一歩を踏み出そうとしている。

　その理由は主に3つある。ひとつには、今のように保育園と幼稚園がずっと別々の保育（教育）をしていくとしたら、保育園出身と幼稚園出身では、これからも違った時間をそれぞれの園で過ごしていくことになる。それは、言い方を換えれば、保育園と幼稚園では、子どもたちは、違った"学び"をしていくということだ。これでは、子どもを受け入れる小学校側が戸惑うことが考えられるので、就学前の子どもたちが過ごす場は、保育園も幼稚園も同じようにあるべきだという考え方である。2つ目としては、東京都などの都市部では希望しても保育園に入れない子ども（待機児童）が大勢いるため、幼稚園でも乳児を受け入れてほしいという意見が出てきているからだ。最近は、結婚して子どもを授かっても仕事を続ける女性がとても増えてきたが、今の保育園数では十分に対応できていないんだ。3つ目は、都市部とは異なる地域の事情だ。少子化が進んで子どもの数が減っている地域では、保育園と幼稚園それぞれが存在する必要はなく、むしろひとつの施設にした方がいいという考え方があるんだね。

　そういったさまざまな社会の要望を受けて、保育園と幼稚園を合わ

せた「認定こども園」が2006年に誕生した。ただ、厚生労働省が担う"福祉的施設"としての保育園と、文部科学省が担う"教育的施設"としての幼稚園という、そもそもの"仕組み"が違う施設の機能をいっしょにするのはなかなか大変で、今のところはすぐさま全国に広がっているわけではない。けれど、この本を手にしている読者のみなさんが「保育士」や「幼稚園教師」になっているかもしれないころには、きっと、両方がうまく合わさった子どもたちの場所（施設）が増えていることだろう。

見学に行ってみよう、体験してみよう

　さて、たくさんある「しごと場」のなかで、保育園・幼稚園は、もっとも"見学者"を受け入れてくれる場といってもいいかもしれない。最近は、保育園も幼稚園もともに「子育て支援」の取り組みの場としても期待されているため、地域の人びととつながろうとしたり、園に通い始める前の赤ちゃんとお母さん・お父さんたちを受け入れて、楽しい子育てを応援する場になろうとしている。つまり、多くの人に園と親しんでもらおうとしているんだ。そのため、中学生の職場体験や高校生のボランティアなどを受け入れるだけではなく、保育園や幼稚園の先生自身が、中学校や高校に出向いて「保育園・幼稚園とはどういうところか」というような出張授業に行くこともある。

　自分が卒園した園でも、あるいは、今住んでいる場所の近くの園でもいい。一度、事前に連絡をしてから訪ねて、見学などさせてもらってはどうだろう。実は、園で職場体験を経験した中学生たちから、「子どもたちのかわいさにあらためて気がついた」という声が多く聞こえてきている。そして、自分たちが幼かったころ、どんなに先生方や近所の大人たちにかわいがられていたかを思い出すという。そうした自分自身のなつかしく、甘酸っぱい気持ちを蘇らせたなら、今、保育園・幼稚園を担っている多くの先生方の仕事が、またちょっと違って見えてくるかもしれないね。

Chapter 2

保育園では
どんな人が
働いているの？

Chapter 2 保育園ではどんな人が働いているの？

保育園の一日を Check!

園によっては0歳児から預かり、
長時間保育を担いながらも、
日々、子どもたちの健やかな成長を
願い続けている保育園。
保育士である先生と子どもたちは、
どのような生活をしているのだろう。

「ひまわり保育園」は、あかね町にある保育園。0歳児から5歳児まで60人が通う私立の保育園だ。赤ちゃんだったころからこの保育園で育った今井くんと、となり町の幼稚園に通った中川さんが見学に訪れた。

＊　＊　＊

朝は「受け入れ」ラッシュ！

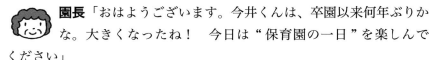

今井くん・中川さん「おはようございます。今日、見学させていただく今井と中川です」

園長「おはようございます。今井くんは、卒園以来何年ぶりかな。大きくなったね！　今日は"保育園の一日"を楽しんでください」

今井くん・中川さん「はい！　よろしくお願いいたします」
中川さん「お父さん、お母さんたちが、子どもたちを抱っこしたり手を繋いだりしながら、つぎつぎと忙しくやってきますね」
園長「保護者のみなさんは、日中、仕事をしていたり、介護する人をかかえている方などですから、保育園にお子さんを預けていく朝の受け入れ時間帯はほんとうに慌ただしいですね。

　それでも、受け入れ担当の保育士は、子ども一人ひとりのようすをしっかり見て、保護者から、**前日退園した後から今朝までのようすを聞き取って、健康状態を確かめながら受け入れる**んですよ。特に体調が気になる子どもについては、職員である看護師の先生と連携をとります」

看護師「私は日頃、０歳児クラスで保育をしているんですが、保育園のある地域一帯でインフルエンザやノロウイルスなどの感染症が流行している場合などは、特に注意して、体調が悪そうな子を見守ります。その子が早く回復するにはどうすればいいのかを考え、同時に、園内にいっせいにその感染症が広がらないように、消毒をこまめにするなど衛生的な環境を保つように気を配ります」
今井くん「園内に看護師さんがいると、病気についての相談もできていいですね」

Chapter 2　保育園ではどんな人が働いているの？

保育園を
イラストで見てみよう

中川さん「ところで保育園は、朝は何時から預かってくれるんですか?」
園長「朝の7時からです」
今井くん・中川さん「そんなに朝早くから!?」
園長「そうなんです。遠くに仕事に出かける保護者の方もいらっしゃるでしょう? 通勤時間が長い保護者でも利用できるように、**私たちの保育園は、朝の7時から夜の8時まで開いている**んですよ」
中川さん「長い時間、保育園にいる子は大変ですね……」
園長「だから、子どもたちにとって負担にならないよう、思いっきり楽しい園生活を送って健やかに育っていくように、私たち保育士は日々、子どもたちのようすを見守りながら、力を尽くしているんですよ」

散歩に園庭遊び、一斉活動も

中川さん「ひまわり保育園には、ずいぶん小さな赤ちゃんも通っているんですね。全部で何クラスあるんですか?」
園長「**0歳から5歳まで、6つの年齢別クラスがあります**。年長は『5歳児』、年中は『4歳児』、年少は『3歳児』を指し、この3クラスが『幼児クラス』になります。0歳児から2歳児は、『乳児クラス』です。

保育士は常に"学び"とともに

　保育士は、自分の学んだことが日々生かされる職業だ。まず、毎日楽しい保育をしていくための保育の技術をみがく。手遊び・歌遊び、絵本の読み聞かせ方、紙芝居の演じ方、運動会での新たな演目など、本や雑誌を参考にしながら、さまざまな研修会などにも参加し、新たな素材（アイデア）を得ていく。それに合わせて、常に変化していく社会にアンテナを張っていくことも大切だ。子どもにかかわる制度や政策の変化、子どもの発達、障がい児とのかかわり方、虐待児への対応など、常に新しい知識・知見（考え方）も学び続ける必要がある。自分が学んだことは、なんらかの形で必ず保育の現場で生かされていく。保育は、力を注げばそれだけ自分に返ってくる"やりがい満点"の仕事なのだ。

　乳児クラスは赤ちゃんのころから、立っちして歩き出し、だんだん自分とお友だちの違いがわかるころまで。また、幼児クラスになると、お友だちといっしょになって遊ぶことを楽しめる年齢になってきます。**保育士は、毎日子どもたちのようすを見ながら、それぞれその年齢にふさわしい保育の取り組み内容を考えている**んですよ」
今井くん「あ、年長さんたちが散歩に行くんですね」

園長「今日は、年長さんと年少さんが、近くの花山公園まで散歩に行きます。年中さんも同じく散歩に出て一丁目公園まで。園内では、2歳児クラスは園庭で、1歳児クラスはテラスで遊び、0歳児クラスはテラス横のベランダでひなたぼっこしながら遊びます」

中川さん「0歳児から5歳児まで……全部で6クラス。園庭にいっせいに出たら大変そうですね」

園長「各クラスの活動は、前日の給食後の『15分ミーティング』のときに伝え合います。そこで、**つぎの日の活動では何をするのか、職員がおたがいに確かめ合って、それぞれ保育に取り組んでいるんです**」

今井くん「僕は確か……、年長クラスのとき、クラスのみんなでダンボール怪獣をつくったことがある!」

園長「そう! 保育園の子どもたちは、ただ、散歩に行ったり園庭で遊んだりしているだけではありません。先生たちは、"こういう保育にしていこう"というひまわり保育園ならではの保育目標の内容、つまり『保育課程』を組み上げて、それに基づいて年間の『保育計画』を立てて、『毎月のカリキュラム』を組んでいく。そのカリキュラムに、クラスの子どもたちみんなでいっしょに何かをつくり上げていくような活動も、しっかりと入れていくんですよ」

給食後、昼寝のあいだも先生の仕事は続く

　給食の時間だ。年長・年中の子どもたちは、給食当番の三角巾やエプロンをつけ、先生といっしょになって調理場から給食を運ぶ。年少さんや乳児クラスの給食は、先生たちが手分けして配膳台を押して運ぶ。今井くんと中川さんも配膳を手伝い、子どもたちといっしょに給食をいただいた。担任は、かつて今井くんの担任だった島田先生だ。

今井くん「島田先生、ごぶさたしています。保育園の給食ってこんなに量が少しだったんですね。それと、味が薄いし、野菜が多いな～」

中川さん「白衣を着て保育室に入ってきた人は調理師さんですか？」

保育士「保育園の給食は、栄養士のつくった献立に合わせて、調理師など調理担当がいっしょになってつくっています。そして、つくるだけではなく、子どもたちが、その日のメニューをどんなふうに楽しんで食べているか、あるいは、苦手なものはなかったか、**栄養士や調理担当の先生が各クラスを回ってようすを見ながら、子どもたちに声をかけている**んですよ」

栄養士「今井くん、中川さん、こんにちは。保育園の給食はどうですか？　子どもたちが小さなころに味わうものは、その子

の味覚を形成するので、とても大切なの。調味料を少なくして、薄味でもおいしく食べられるように出汁をしっかりとった味つけになっています。それと、レタスやほうれんそうなどの葉物の野菜類に加えて、根菜や乾物など、最近のおうちではあまり使われなくなったような食材も、**栄養バランスを考えて、しっかり摂るように調理されている**んです」
今井くん・中川さん「給食をつくっている担当の先生たちと食事をしながらこんなふうに毎日話せると、給食がさらにおいしく味わえていいですね」

＊　＊　＊

　子どもたちが担任の先生といっしょに給食を食べているあいだに、ほかの先生が子どもたちのお昼寝布団を敷く。そして、給食が終わると、子どもたちはパジャマに着替えて、お昼寝の時間。これから、先生たちも昼休みだと今井くんたちは思ったが……。
園長「**子どもたちが昼寝をしているあいだにも、先生たちがすることはたくさんあるん**ですよ。まず、家庭と毎日やりとりしている連絡帳の記入。子どもたち一人ずつに連絡帳があるので、午前中のその子どもの遊んだようすなど、人数分書き終えるのはなかなか大変です。それから、

> **コラム　シフト勤務で長時間保育を担う**
>
> 　今、保育園は、一日13時間開いている園が多い。朝の7時に門を開いて子どもたちの受け入れを始め、夜の8時に最後の子どもを見送るまで運営している園が、特に都市部に多く見られる。さらに、保護者の要望に応える形で、夜の10時まで、なかには24時間オープンしている保育園もある。また、不規則勤務の保護者の就労を支えるために、日曜・祝日、年末年始も子どもを受け入れる保育園もある。
>
> 　開門30分前に出勤し閉門30分後に退勤となると、13時間運営の場合、職員は14時間以上、保育園内で勤務することになる。すると当然、交代（シフト）制で、早々番・早番・普通番・遅番・遅々番と、さまざまな時間帯勤務の組み合わせをやりくりしつつ、保育園の運営を担う。保育士だけでなく、栄養士や調理師も、長時間保育の子どもたちの軽食・夕食をつくるために、同じようにシフト勤務する。

　お散歩のさいに、毎日担任がタオルやティッシュなどをデイパックに入れて持っていくので、その補充。造形遊びの素材を用意したり、保育日誌もこの時間内に書きます。また、子どもたちが過ごす保育室の中や外の掃除もしますし、職員全体の『15分ミーティング』には、クラス担任のうち必ず一人は出席します。

　保育園の一日は朝7時から夜8時までと長いでしょう？　職員は、早

番・普通番・遅番……などローテーションで勤務しているので、各クラスの担任が集まることができる昼間のミーティングは、わずか15分でもとても大切なんです。もちろん、子どもたちが眠っているあいだに、職員も休憩をとりますよ。お茶とお菓子でほっとひと息ついて、子どもたちのお昼寝明けの保育に備えます」

早番と遅番の引き継ぎ。お迎えが続々と

子どもたちが寝息を立てている保育室内に、**遅番の先生が出勤してきた。早番の先生と引き継ぎを始める**。本日欠席の子どもの確認、午前中のようすから、体調に気をつける子どもについて。また、室内の整理整頓や清掃など、午前中に続いて取り組んでほしい仕事内容も伝える。そのうちに、一人また一人と、お昼寝から目覚める子どもたち。自分でパジャマを着替える子どもを見守りながら、担任の先生は、おやつの用意を始めている。

中川さん「今日のおやつは……、お好み焼き!?」

栄養士「大人のおやつと違って、**保育園の子どもたちのおやつは、一日に必要な栄養を補う食事の一部**と考えています。だから、いわゆる甘い

お菓子などではなく、小さいおにぎりやお好み焼き、ふかし芋などをおやつに食べるんですよ。どれも給食室の手づくりおやつです」

＊　＊　＊

　おやつの後、子どもたちはそれぞれ保育室内や園庭で遊び始めた。今井くん、中川さんも、子どもたちに手をとられ、園庭の鬼ごっこに加わる。子どもたちはお兄ちゃん、お姉ちゃんが大好きだ。鬼になった今井くんが、思いっきり追いかけると、子どもたちは大喜び‼　その子どもたちの一人に園長先生が声をかけた。

園長「あきらくん、お迎えですよ～」

あきらくん「は～い‼」

　今日いちばん最初のお迎えは、あきらくんのおじいちゃん。あきらくんのお父さんとお母さんは夜遅くまで仕事をしているので、お迎えはいつもおじいちゃんで、あきらくんは、両親が帰ってくるまでおじいちゃんとおばあちゃんの家で過ごす。

今井くん「朝はお母さんが送ってきて、夕方はおじいちゃんのお迎え。そして、夕飯はおばあちゃんやおじいちゃんといっしょに。家族みんなに見守られて、あきらくんは大きくなっているんですね」

園長「今井くんもそうだったわよ（笑）。保育園は、子どもの成長をしっかり見守りつつ、保護者のみなさんの子育てを支えるところ。**一人のお子さんの家族が、どのように子育てにかかわっているかについて知っていることも、保育士として大切なこと**だと考えているんですよ」

保育園は、チームワークあってこそ

今井くん「もう、夕方ですね。今日は一日ありがとうございました。先生たちは今日のお仕事は終わりですか？」
園長「いえいえ、まだまだ仕事はありますよ。ひまわり保育園は夜8時まで開いていますから、遅番の職員は最後の子どもが帰るまで働きます。勤務時間は一人一日8時間ですが、時間をやりくりして職員会議や園内研修会、それから外部研修に出かけていくこともあります」
中川さん「職員会議では、どのようなことを話し合うんですか？」
園長「年度初めは、各クラスのようすを知らせ合ったり、遠足や運動会などの行事予定が近づくとその打ち合わせも必要です。さらに、入園式や卒園式などの式典は、当日の進行などの担当を決めて、園全体で取り組んでいきます。また、乳児組、幼児組に職員が分かれて、特に気にな

子どもの家庭環境を知ることも大切な仕事

> **コラム** 子育て支援も保育園の役割
>
> 　最近では、誕生する子どもの数が少なくなったために、地域での交流が少ない中で親が一人で子育てをする状態が多く見られ、国をあげて少子化対策に取り組んでいる。そこで近頃、保育園は「地域の子育てステーション」として機能することが求められるようになった。保育園児の成長を見守るだけでなく、自宅で育つ子どもたちも受け入れ、子育てを支援しようという取り組みだ。園庭を開放したり、育児相談や、運動会などの催しに地域の子どもたちを誘うなど、園ごとに支援の内容はさまざまだ。また、保育園内に定期的に地域の親子を招く「ひろば」スペースを設けたり、面談登録した後、「○月○日に○時間」など不定期で子どもを預かる「一時保育」を実施している園もある。さらに、クラス担任をもたない地域担当の専任保育士をおき、地域の子育て支援全般に向き合おうとしている園も登場している。

る子どもたちのようすを具体的に話し合う会議なども開きます。

　朝早くから夜遅くまで、多くの職員がいっしょになって運営していく保育園は、なんといっても良きチームワークあってこそ。保育士、看護師、栄養士、用務職員、事務職員……職員全員の力が合わさって、保育園が子どもにとってよりよい場となっていくんですよ」

Chapter 2　保育園ではどんな人が働いているの？

働いている人に Interview! 1

保育士

赤ちゃんから小学校に上がるまで
就学前の子どもたちを見守り、
健やかに育てていく。

近江屋 希さん
（おうみや のぞみ）

高校時代の先生のひと言で「保育者」という仕事の存在に気付いた。保育士として現勤務園勤続18年。最近は幼児組の担任が多い。

Interview!

保育士ってどんな仕事？

　保護者の仕事や病気などの理由で、日中、養育を必要とする子どもたちを預かり、保育を担う。児童福祉法上の「保育所」では0歳児〜就学前までの子どもたちの保育を担うが、保育士としての職場は児童養護施設や自立支援施設などもあり、対象とする児童の年齢は0〜18歳までと幅広い。

縁がつながり、いつしか保育士に

　高校時代は英語が好きだったんです。それで、もっと英語を勉強して航空会社に入社して、空港で働きたいと考えていました。ところが、担任の先生から、「あなたには、子どもを育てる保育者が向いている」と言われたんです。そして、「文章を書くことも好きでしょう？　そういうことも、保育者の仕事を続けていく上で、きっと役に立ちます」、と。5歳年下の弟をかわいがっていたこともあり、そのときは、子どもを育てる仕事もいいかもしれないなと思いました。

　その後、進学した保育者養成校（保育士や幼稚園教諭の資格がとれる学校）を卒業するときには、保育・教育実習でうかがった幼稚園が家庭的でとてもよかったので、幼稚園に就職しようと思っていました。

　ところが、学校の学務課に貼り出されていた就職情報の掲示板のなかに手書きで「うたの好きな人、募集」という求人票があったんです。印象深く、学務課の人に相談したら「ともかく見ていらっしゃい」。それではじめて鳩の森愛の詩保育園を訪ね、試みに就職実習をさせていただきました。そうしたら、職員の方々がどなたもそれぞれ自分らしく伸び伸びしていらしてほんとうに驚いたんです。「子どもたちの中に入ってください」と言われ、いっしょに公園へ遊びに行って、思いっきりやまんばごっこをしたりして、保育園って子どもたちとこんなふうに楽しく

※取材先の「鳩の森愛の詩保育園」では、子どもたちは保育士のことを先生と呼ばずに名前で呼んでいます。
　インタビューでも、その呼び方にならって表現しています。

遊べるんだ、就職するならここしかない、と心に決めました。

子どもたちと好奇心を共有したい

　今は、年長クラス（5歳児組）の担任をしています。クラスの子どもたちは17人。来年度は小学生になるというクラスですし、行事などのさいには、保育園でいちばんのお兄さん、お姉さんということで、手伝いなどの出番もたくさんあります。また、お泊まり保育など年長クラス特有の行事もいろいろあります。忙しい日々ですが、ひとつの行事を終えるたびに、子どもたちはグン！と成長します。そういう姿を見るのが何よりうれしいですね。

　日頃心がけていることは、ワクワクドキドキするような好奇心を子どもたちと共有したいということでしょうか。今日は、恐竜の話題が新聞に載っていたので、切り抜きを持ってきて子どもたちに見せました。すると、みんな興味津々で覗き込んでくるんです。ひとしきり恐竜の話で盛り上がった後、「つぎは、希ちゃんは何を持ってくるんだろう」と、子どもたちが目をきらりとさせて期待を抱く瞬間があります。その瞬間

「さあ、みんな順番に並んでね」

の気配がわかってきてから、この世の中にあるさまざまなことを、もっともっと子どもたちに伝えていきたいと思うようになりました。

　東日本大震災のこと、津波や原発事故のことも子どもたちに伝えました。ちょっと難しい話の場合は、きょとんとしている子どももいますが、両親が津波に流されてしまった高校生についての新聞の記事を読んだとき、一人の女の子が、つーっと涙を流したんです。子どもでもちゃんと胸にとめてくれる瞬間があるんですね。だからこそ、子どもたちの心に響くことを私は伝えていきたい、そういう気持ちを自分自身で大切にしていきたいと思います。

保育士のある1日

※早番の場合

8時	出勤。子どもたちが続々と登園。保護者から受け入れるさいに、体調についてなどを聞き取り、連絡帳の内容を確かめる。
9時30分	朝の会をして、お休みの子どもの状況などを確認。
10時	散歩に出かける。公園で鬼ごっこなどをして子どもたちと遊ぶ。
11時15分	園に戻る。
11時30分	給食の配膳の準備。
11時40分	給食。いっしょに食べる。
12時15分	給食の後片付け。
12時30分	子どもたちはお昼寝（午睡）。そのあいだに午前中の散歩で使ったタオルの補充や連絡帳の記入、遅番の保育士と引き継ぎをする。合間に交代で少し休憩。
15時	子どもたちが起き出してくる。
15時15分	おやつ。
16時	帰宅。

歌は伸び伸びと歌おう！

また、後輩の保育士から学ぶこともいろいろあります。ある後輩は毎日のお迎えのとき、保護者にその日のお子さんのようすを伝えていました。「○○ちゃんは今日、こんなお花を摘んでいたんですよ」というようなほんのひと言なんですが、その言葉かけで、保護者の方とつながることもできるんですね。

保育士以外の人生なんて考えられません

保育士でいてよかったと思うこと、うれしいことは語り尽くせません。保育士以外の人生なんて考えられませんね。保育士になって18年になると、最初に担任した子どもたちが、職員として園に戻ってくることもあります。その喜びは言葉では言い表せないほどです。

子どもたちと過ごしている毎日はほんとうに楽しいんです。そういう日々を思いっきり楽しんでいます。私はよく、「あなたは、子どもがいちばん、子どもが大事ってあまり言わないね」と言われるのですが、子ども、子ども……と言わなくても、子どもたちといっしょにいる自分が好き。そのままの飾らない自分で、子どもたちと過ごしていたい。そう

これからお散歩。「今日は何に出会えるかな？」

いう感じなんです。このままずっと現場で、子どもたちと保育の日々を大切にしていきたいと思います。

　読者のみなさんは、これからもっと勉強して自分の仕事、自分の人生を見つけていくと思いますが、まずは、「よく学び、よく遊べ」。そして自分の好きなことを見つけて、将来、どのような仕事をしていこうかと考えていってほしい。たとえば、自分は書くことが好き、人と接することが好き。そういう自分の好きなことから考え始めたらいいと思います。

　そして、人に褒められたことはしっかり自分で自信をもっていいんです。私は、中学生のころは目立たない生徒でした。でも、修学旅行で書いた感想文を、校長先生が全校朝礼のときに紹介してくださったんです。担任の先生が私の作文に目を留めて、校長先生に推薦してくださったと知りました。「君は文章を書くことが上手だよ」って。とてもうれしかったですね。そういう形で私を認めてくれた先生がいらしたということが、私の人生にとってとてもはげみになったことは確かなんです。だから今、私も子どもたちに、「あなたのここがすてき！」とエールを送りたいと思っています。それが、子どもたちがみずから育っていくエネルギーとなったら、保育士としてこんなにうれしいことはないと思います。

保育士になるには

どんな学校に行けばいいの？
　保育士養成課程のある学校（専門学校、短期大学、大学などの「養成校」）を卒業するか、「保育士試験」に合格し、保育士の国家資格を取得する。その資格をもっている人が、現場で保育士として保育の仕事をすることができる。なお、保育士試験の実施は年に１回。受験資格は原則として短期大学卒業程度以上だが、中学校卒業、高校卒業でも、現場で働いた経験が一定期間以上あれば、受験できる。

どんなところで働くの？
　一般的には保育園で勤務するが、資格の守備範囲は18歳までの児童。児童養護施設や自立支援施設などでも、保育士の資格をもった人たちが活躍している。

Chapter 2　保育園ではどんな人が働いているの？

働いている人に Interview! ②

保育士

男性ならではの視点も生かし、
女性保育士たちとともに
保育の場を担っていく。

林　望さん
(はやしのぞみ)

「男性でも保育者になれる!?」。テレビ番組ではじめて知ってからこの道ひと筋。子どもたちの力を信じ、保育園で働く職員の一人として、保育に取り組む。

Interview!

男性保育士ってどんな仕事？

基本的に女性保育士と仕事の内容は同じで、子どもたちの保育を担う。ただし、年長児など、子どもたちがダイナミックな遊びを楽しめるようになると、男性ならではの体格や体力を存分に生かすこともできる。現在、現場での男性保育士の割合は多くはないが、「職員は男女半々にしたい」という保育園も現れている。

テレビ番組をきっかけに保育の道へ

　高校3年生の春に、テレビ番組で男性保育者の働いている姿をはじめて見て、「男性でも保育者に!?」と驚きました。それまでは、自分は何をしたいのか、そもそも何が向いているのか、将来を考える手がかりが見つからなかったんです。もともと子どもが好きだったこともあって、その番組を見た直後、高校の担任の先生に相談して、当時は少なかった、男性でも入れる保育者養成校を探し出して入学しました。そして、卒業後、今の保育園に就職し、今年で12年目になります。

　就職して3年目までは、男性の事務職員はいましたが、現場保育者で男は僕だけ。覚悟はしていましたが、着替えなども専用の更衣室がなくて。でも、そんなことより人見知りする性格のため、休憩室で女性の先輩と会話ができず緊張していました（笑）。当時は、休憩時間よりも子どもたちがいる保育室に早く帰りたい、と思っていましたね。

　でも、今は男性の保育士は姉妹園合わせて12人になりました。ほかに男性の事務職員も3人います。数年ほど前から男性職員だけの懇談会をもつようになったり、月に1回保育者養成校の先生を迎えて、事務職も含めた男性職員の研修会を開催するようになりました。今のテーマは、「父さんって、かっこいい！」です。保育園の中で「いいな！」と思う父さん像をみんなであげてみよう。そこから、男性保育士の在り方を考えてみようという試みです。また、自分の保育実践を出し合ってみんなでふり返り、検討していく取り組みも行っています。

僕ら男性保育士がいることで、保護者のお父さんたちが保育園に来やすくなるかな……という思いもあります。朝夕、お父さんたちとかかわり、もっと保育園を身近に感じてもらって、運動会や行事などにお父さんたちが積極的に参加してくれるようになったらうれしいです。そういう機会にお父さん同士が知り合って、自分の子ども以外の子たちもかわいいと思いながら成長を見守ってくださったらもっとうれしいですよね。

子どもの力を信じて待つ。いつだって真剣に

　最初の3年間は、男性保育者は園内にたった一人。それでも続けてこられたのは、「保育士という仕事が好き」に尽きます。子どもといっしょのときって、かけがえのない時間なんです。また、同僚や先輩の保育士などの存在も大きいですね。保育園は朝から夜まで長い時間運営をしているので、職員全員でローテーションを組んで保育を担いながら、日誌や連絡帳の記入、保育の教材準備、園内の掃除、職員会議などをこなしています。保育園の仕事ってほんとうに忙しい。でも、仲間とともに仕事ができるのは何よりうれしく、毎日がとても楽しいです。

気持ちを合わせて歌おう！

Interview!

　保育の仕事をしていて、大きなやりがいを感じると同時に難しいと思うのは「子どもの力を信じること。信じて待つこと」でしょうか。そのことこそ、いちばん保育士に求められているように思います。

　子どもたちは、何か問題が起こっても自分たちで解決していく力をもっているんです。それなのに人生経験のある大人はついつい先回りしてしまう。でも、子どもたちが本来もっている力は、大人が気を利かせたつもりで用意するようなことを超えていきます。もっと自分たちで考えたり、悩んだり、仲間同士で力を出し合って乗り越えたり、そういうところに子どもたちの底力がある。僕

保育士のある1日
※遅番の場合

12時15分	出勤。
12時30分	子どもたちはお昼寝。早番の保育士と引き継ぎをする。休みの子どもの人数や、体調が思わしくない子どものようすなどを聞き取り、午後の体調に注意して、お迎えのさい、保護者に伝える。
15時	子どもたちが起き出してくる。
15時15分	おやつ。
16時	園庭で遊ぶ。
17時30分	徐々に保護者のお迎え。その日一日のようすを伝える。
19時	延長保育の子どもたちの軽食。
21時	一日の仕事が終わり、帰宅する。

お散歩中。「車に気をつけて横断歩道を渡るよ」

はその力を信じています。それと、僕は後輩や実習生に「遊ぶときは思いっきり遊べ、真剣に遊べ」とよく言います。自分がほんとうに楽しいことは、子どもも楽しいんです。子どもたちは、大人をよく見ています。自分で「いいな♪」と感じたことは懸命にまねをする。だから、子どもたちといっしょに思いっきり楽しめるような遊びをしたいです。

子どもたちには、真剣に遊んで、取り組んで、「えいっ」と壁を乗り越えていく瞬間があります。たとえば、今まで飛べなかった跳び箱を、ある日、自信をもって跳べるようになった。そういう瞬間に出合えたときは、本当にうれしく思います。これぞ、仕事の醍醐味でしょうか。

もちろん、そのようなドラマチックなできごとだけではなく、日頃の言葉遣いや立ち居振る舞いなども大切にしたいと考えています。子どもたちは思っている以上に、大人をよく見ています。大人としてよい姿を見せたい、美しい見本になりたいと思います。

続く後輩たちにエールを送りたい

僕が男性保育士であるからか、「どういう人が保育士に向いています

危険がないように遊んでいる子どもたちを見守ります

Interview!

か」とよく聞かれます。まず、子どもが好きな人、子どもと遊ぶことが好きな人、これが第一です。それからよく笑う人、かな。みんなで協力し合うことに喜びを見出せる人が向いていると思います。

そして、この仕事に限りませんが、仕事を続けていく上で特に大事なことは、体調管理。保育の仕事は体力勝負です。保育中は子どもたちとしょっちゅう屋外に出ます。冬でも雪を楽しむために散歩に出ますし、夏はプールに入ります。体調を崩して急に休んでしまうと、同僚に迷惑をかけてしまうので、健康でいたいし、気持ちも安定していたいと思いますね。

実は、正直にいうと、私立の保育園の保育士のお給料は決して高くはありません。そのため生活が大変では、と躊躇する人もいるでしょう。でも、僕のような男性保育士の姿を知ってください。僕は自分で選んだ大好きな仕事をして、結婚もして子どもも授かり、幸せな家庭生活を営んでいます。子どもたちとともに生きていくこの仕事に、希望を見出してくれる後輩がたくさん現れてくれることを祈っています。

※「保育士になるには」はインタビュー1（→ 35ページ）を参照してください。

さあ、みんなでうんていだ！

Chapter 2　保育園ではどんな人が働いているの？

働いている人に Interview! ③

看護師

0歳児クラスで保育を担い、
保育園内の衛生環境を整えるなど、
看護師の専門性を発揮して働く。

安田亜希子さん(やすだあきこ)

養護教諭をめざす途中、看護学校で看護師の仕事のすばらしさに目を開かれた。保育園の子どもたちの健やかな毎日のため、全力で奮闘する。

Interview!

▶ 看護師ってどんな仕事？ ◀

保育園内の、ありとあらゆる病気やケガ、健康にかかわる事柄を扱う。健康診断、毎月の身長・体重測定などのほか、栄養士と連携して離乳食やアレルギー対応も。また、感染症の予防を図ったり、子どもたちへ健康の啓発活動も行う。なお、0歳児を預かる保育園には、必ず看護師がいなければならない。

▌病院勤務でキャリアを積んだ後、保育園に

　小学生のころ、とてもすてきな保健室の先生がいらして、「私も養護教諭になりたい！」と考えたんです。それで、看護師の資格を得てから養護教諭の資格がとれる学校に通おうと思ったのですが、看護学校で学ぶうちに、「看護師の仕事は魅力的だ」と感じ、そのまま看護師になりました。卒業後は、病院の消化器内科で11年間働きました。

　看護師を続けながら結婚し、二人目の子どもを授かったころ、同じ病院内に、現在私が勤務している保育園に子どもを預けている先輩がいらっしゃいました。そして、その方が保育園の看護師として転職なさったんです。病院では入院病棟に配属されると、一日3交代制で働き、夜間に勤務することもあります。私自身、自分の子どもと過ごす時間がもっと欲しかったですし、看護師としての仕事をさらに続けたかったこともあって、誘われて現在の保育園に転職しました。つまり、その先輩の後を追ったことになりますね。

　保育園の看護師は、0歳児クラスで保育者の一人として仕事を担う場合と、園全体の保健活動や健康管理を担う場合があります。私は、ほぼ毎日0歳児クラスを担当しています。白衣は着ていませんから、子どもたちは私が看護師とは気付いていないのではないでしょうか。

　毎日、クラスの担任といっしょに保育を担いながら、赤ちゃんたちの健康状態を見守ったり、離乳食の食べ具合を見ながら食材の刻み具合を栄養士と相談したり。一方で、子どもがケガをしたと声がかかるとほ

かのクラスにも飛んでいきますし、体調がよくない子どもがいると聞けば、家族関係に気を配って、感染症の対策を考えたりもします。

現在の勤務園は、同じ法人（グループ）内に保育園が3園あるので、看護師は計3人います。月に1回集まって情報を交換し合い、伝染性の高い感染症などが発生するとすぐに連絡を取り合って拡大を防ぐようにします。

保育園内の看護師として、取り組みたい仕事はいくらでも

朝は毎日8時半に出勤します。まずは、園内の子どもたちの出席状況を聞いて、体調不良の子がいないか確認。それから、子どもに投薬を希望する保護者から薬を預かり、「投薬簿」に記入し、担任に引き継ぎます。その後、0歳児クラスで保育をしながら、毎日、午後に開かれる園内会議に出席します。そのさいに、各クラスから子どもたちの健康状況を聞き取りつつ、必要なときには看護師としてアドバイスします。

その後、クラス担任の人数に余裕があるときは、0歳児を離れて看護師本来の仕事をします。毎月実施している職員の検便の準備をしたり、

看護師も保育にたずさわります

Interview!

予防接種について保護者からの相談に応えることもあります。また、子どもたちの身長や体重を毎月はかって児童票に記入し、発育状況が気になるさいは担任に伝えつつ、保護者に相談します。身体的だけでなく心理的発達の面も心配なときには、保育士とともに保護者に声をかけます。

園内の衛生環境の整備も大事な仕事です。赤ちゃんの沐浴（お風呂）コーナーや、ミルクをつくる調乳室などが清潔に保たれているかどうか。子どもたちや職員が使うトイレの衛生状況も確かめます。さらに、毎月発行する「園だより」に、健康情報を発信することも大切。「食中毒

看護師のある1日

8時30分	出勤。登園の子どもたちのようすを見ながら、「投薬希望」の保護者の要請を受けて「投薬簿」に記し、クラス担任に引き継ぐ。
9時	0歳児クラスに入る。
9時30分	子どもたちがそろったら、朝の会をして出席状況などを確認。
10時	散歩に出かけたり、園庭でいっしょに過ごすことも。
11時	給食の配膳の準備。
11時20分	給食。0歳児クラスの子どもたちの食の進み具合を見守る。
11時50分	給食の後片付け。
12時	子どもたちはお昼寝。園医へ健康診断の実施相談、園内が清潔な状態に保たれているか確認、月1回の職員検便の用意。
16時30分	朝、体調が気になった子どもについてはお迎えにきた保護者にていねいにその日一日のようすを伝える。
17時	帰宅。

乳児とふれあいながら体調を確認

Chapter 2　保育園ではどんな人が働いているの？

に注意」「薄着を心がけよう」「風邪に気をつけて」など、子どもたちの健康を守るために伝えることは山ほどあります。

　園内での看護師の仕事は、他業種である職員との連携が重要です。離乳食でしたら栄養士との相談が大事ですし、健康診断や歯科健診のさいは、園医や園歯科医とのつながりを意識します。

　保育園はできるだけ親御さんを支えていきたいと考えています。しかし、微熱があって具合が悪いお子さんを「保護者の仕事を支えるために」と預かってしまうと、子どもも気の毒ですし、万が一、感染症にかかっていた場合は、一気に園内に広がってしまう恐れもあります。そんなときは保育士を支えながら、時にクッションの役割で、保護者に園としての判断を伝えていくことも大切な仕事です。

お迎えのとき、もっと元気な笑顔で見送れるように

　今の園で仕事を始めて 10 年になります。卒園のとき、「大きくなったら保育園の看護師さんになりたい！」って言ってくれた子どもがいました。うれしいですよね。0 歳児クラス内では、一人の保育者として仕

法人内の各園の看護師たちが集まって打ち合わせ

46

事をしているわけですが、毎日接することで子どもたちのようすが見えてきます。保健室にこもっていてはわからないことがたくさんあります。これからは、もっと外にも目を向けて、園嘱託医や保育園看護師会、地域の方々ともつながっていきたいですね。

　園の看護師は、病気のための看護師ではなく、健康のための看護師なんです。子どもたちの健康を守るために私には何ができるか、どのような取り組みを考えていくのか。そのために、日々保育士と話し合いながら、子どもたち自身に健康を守る取り組みを伝えたいです。先日は、年長クラスで白衣を着て「うんちのはなし」という紙芝居をしました。毎日、気持ちよくうんちができるって大事なことですよね。子どもたちにうんちの大切さを知ってもらい、それが保護者にも伝わればと思います。

　そして、園の看護師は、保育園の中だけで子どもたちの健康管理をするわけではありません。子ども一人ひとりの家庭での暮らしも考え合わせて、健やかな成長を支えていく仕事なんです。朝、元気で登園してきた子どもが、夕方、「今日もとっても楽しい一日だった！」って目をキラキラ輝かせて保護者の胸に飛び込んでいけるような、毎日がそんな保育園生活となるように、精一杯取り組んでいきたいと思います。

看護師になるには

どんな学校に行けばいいの？
　高校卒業後、法律で定められた養成施設である看護大学、看護短期大学、看護専門学校に進学。3年以上学び、国家試験の受験資格を取得した後、看護師国家試験合格をめざす。一度社会人を経験して看護師をめざす人もいる。

どんなところで働くの？
　多くは病院などの医療機関に勤務するが、保育園や介護施設など多くのあらゆる医療にかかわる現場で働く。病院、診療所、保健所、介護施設、訪問看護ステーション、福祉施設、身体障がい者施設、会社などの医務室のほか、看護師養成学校の講師や教諭となって後進の指導にあたることもある。

Chapter 2　保育園ではどんな人が働いているの？

働いている人に Interview! ④

栄養士

「おいしい！」「おかわり!!」
子どもたちの笑顔が見たくて、
給食やおやつの調理にはげむ。

田辺久美子さん

おいしいものが好き。子どもも好き。だから、仕事は保育園の栄養士に。ここぞ、と決めた園の栄養士募集を待って、今は念願の日々を過ごす。

Interview!

▶ 栄養士ってどんな仕事？ ◀

献立(こんだて)を考え、調理師とともに給食の調理をする。午後のおやつをつくったり、園によっては、延長保育の子どもたちの軽食の調理も担う。食事中の子どもたちと言葉を交わし、食べるようすから食の好みや量を考えて献立(こんだて)を見直していくことも仕事のひとつ。園内全体の食育の要ともいえる。

栄養士になるなら保育園で働きたい

　もともと食べること、料理することがとても好きでした。母が看護師をしており、病院では食（栄養）の専門家として栄養士がいることを教えてくれて、栄養士養成課程のある大学に進学しました。でも、病院などに実習に行って戸惑(とまど)いました。院内で出される食事は、塩分やカロリーなどが調整された食事です。その人が病を治していくためには必要なのですが、私はもっと"楽しい食事"をつくりたいと思いました。そこで考えたところ、「保育園の給食がある！」と思ったんです。保育園の子どもたちの食事は楽しくつくることができます。「おいしいね」「たくさん食べようね」って言えます。給食を食べた子どもたちが大きくなったら何になるのかな、私がつくった給食の味を覚えて大人になって、どういう料理をするのかな……など、子どもの未来につながる仕事です。そういう場で力を生かしたいと思い、職場は保育園と決めたんです。

　生まれ育ったところは京都府(きょうとふ)で、栄養士になるために通った大学は滋賀県(がけん)にあったのですが、全国のさまざまな保育園の情報を集めて、自分の考え方と合いそうな保育園に「栄養士として仕事をしたい」と手紙を送りました。何件かお返事をくださった園があって、実際に、職員のみなさんに会いに行きました。そのなかの一園が、今の勤務園です。はじめて訪れた日に、園長先生とお話しして、職員の方々にも会いました。「誰(だれ)でもいらっしゃい」という懐(ふところ)の深さにひかれて、「私の職場はここしかない！」と心に決めたんです。それが大学３年生のとき。以来、一切

の就職活動はせず、4年生の11月に栄養士の職員募集があるという連絡を受けて飛んできて、すぐに就職。今に至り、今年で5年目です。

130人分を手づくり。アレルギーには個々に対応

　保育園の栄養士の役割は、給食を提供すること。「昼食」「おやつ」、延長保育のさいの「軽食」、さらに遅くまで預けられている子どもたちのための「夕食」など、子どもたちが成長していくために必要なエネルギーや栄養素を十分に提供することがいちばんの仕事です。もうひとつは、「食べることは幸せ」と子どもたちや保護者の方々に興味をもってもらえるように、おたよりなどで発信することです。

　毎朝、出勤すると納品された食材の確認をします。それから調理担当の職員と手分けして下処理、調理、配膳の用意を進めます。私の勤務園では、毎食130人分をすべて手づくりします。ギョウザも白玉団子も、すべて人数分を手づくりするので、白玉は一度に600個もつくるんですよ。ギョウザは評判がよくて、その日はウキウキと子どもたちが給食室に顔を出してくれます。でも、限られた時間で人数分を手づくりする

今日の乳児組のメニュー・サンプルです

ので、「おかわり！」に十分に応えられないのがちょっと残念です。

　給食のときは、必ず各クラスを回るようにしています。食べている表情、好き嫌いの有無、残さずに食べられる量など、実際のようすを見るのがいちばんです。子どもたちにとっても"つくっている人"の顔が見えるのは大切なことだと思いますし。

　園には食物アレルギーの子どももいます。卵、牛乳、小麦が代表的なアレルゲンですが一人ひとりの症状に沿って、その日のメニューをアレルゲンの食材を抜く「除去食」にしたり、まったく別の素材でそっくりにした「代替食」をつくることもあります。アレルギーは生命にかか

栄養士のある1日

7時	出勤。一日のスケジュールを確認する。清掃。
7時30分	厨房に入り調理開始。
11時	0歳児の離乳食から始まり、1歳児、2歳児……と順に提供。
11時45分	3歳児、4歳児、5歳児のクラスを巡回し、食べているようすを見たり、子どもたちの感想を聞きつつ、今日のメニューについて話したりする。
12時45分	順々に厨房に戻ってくる食器をいっせいに洗う。
14時	おやつの準備をする。
15時	各クラスにおやつの提供。
16時	おやつの食器を洗う。
16時30分	帰宅。

※遅番の場合は、12時ごろに出勤し、延長保育の子どもたちのために、軽食や夕食をつくり、それぞれ洗い物などをすませて帰宅する。

つくねを400個もつくります

わります。ケガなどは少々のことでは生命には障りませんが、アレルギー症状で発作を起こしたら、ほんとうに生命にかかわるんです。なので、給食を間違えて食べないように、担任と連携をとって注意深く対応しています。

月はじめには「今月の献立」を家庭に配布します。それは、「この食材は食べてもだいじょうぶですか」「おうちでも食べているものですか」というメッセージでもあります。食物アレルギーは口にしてはじめて発症するので、家庭の食卓に載らない食材を保育園で食べて発症したら大変ですから。ただ、子どもたちは、成長につれて体調も変わってくるので、食材を絶ち続けるのではなく少しずつ食べることで克服できる場合もあります。そのため、担任と日々相談を進めながら取り組んでいます。

食べたい気持ち、おいしく思える気持ちを大切に

今、姉妹園合わせて3園の保育園に一人ずつ計3人の栄養士がいます。その3人で毎日の給食の献立を考えます。季節の旬の食材をたっぷり使ったり、味わいに変化をつける組み合わせを考えたり。献立案を栄養素

食べている園児を見回り、今日の食べっぷりをチェック

やエネルギー量の計算をして検討し、「翌月の献立」を決定します。

　子どもたちには、食べることと併せて、食材そのものにも関心をもってもらいたいと願っているので、「翌日の給食で使う食材」を保育園の玄関先のカゴに載せて自由にさわれるようにしています。大きな大根、毛がふさふさしたトウモロコシなどは見た目も愉快です。また、しめじとえのきを並べて、「どちらが何だ？」とクイズを出したりすると、保護者のみなさんもいっしょに楽しんでくれているようです。

　この仕事の難しいところは、時間との闘いでしょうか。食事は生活リズムの要。子どもたちには心地よいリズムで園生活を過ごしてもらいたいので、食事の時間は遅らせることはできません。給食が遅れると、その後のお昼寝の時間が減ってしまいます。もちろん、温かいものは温かいうちに提供したい。そう心がけながら調理に取り組むのは大変です。

　けれど、保育園の栄養士になりたいと思ったら、食べる楽しさを子どもたちに味わってほしい、うれしさを伝えたい、そういう気持ちがあれば十分だと思います。食べたくないものを食べさせられるほどつらいことはありません。私たちは子どもたちに、楽しい気持ち、うれしい気持ちで食事やおやつを味わってほしいなと願っているんです。

栄養士になるには

どんな学校に行けばいいの？

　栄養士養成課程のある専門学校、短期大学、大学などを卒業することで、栄養士の資格を得られる。

どんなところで働くの？

　保育園、学校、病院、会社の社員食堂など、大勢の食事をつくって提供するあらゆるところに、栄養士が活躍する職場はある。病院などに勤務する栄養士の場合は、患者の治療・治癒に関して、極めて重要な役割を果たす。一方、2005年より学校教育に食育を取り入れるため、教員免許をもった栄養士が「栄養教諭」となり、校内での食育指導にあたる取り組みもなされている。その場合は、栄養教諭普通免許状（専修、一種、二種）を必要とする。

ほかにもこんな仕事があるよ！

保育補助

どんな仕事？
　主に早朝や夕刻以降など、常勤で働く保育士職員のローテーションで人手が足りなくなる時間帯や、職員が夏休みを取得する時期などに、保育の補助業務を担う。朝は園児の受け入れをし、夕方以降には降園する子どもを見送るなど、送迎時に保護者との接点もある。ただし、時間ごとの勤務であることが多く、たとえば、保育園の保育計画立案にたずさわったり、保育日誌を記したりすることはほとんどない園が多い。

この仕事に就くためには？
　保育士の資格がなくても勤務できることがある。私立の保育園の場合には園ごとの募集に、また、公立の保育園の場合には行政の募集に応募して採用されれば、働くことができる。

主任保育士

どんな仕事？
　小規模の保育園では副園長の立場であることが多く、大規模の保育園では、保育全体のリーダー役を担うことが多い。具体的な仕事内容は園によって異なる。ただし、おおむね、子どもたちの育ちを長い目で見守りながら、現場で働く保育士によりよい保育を伝え、保育計画立案の中心となり、また、園長を補佐するなどが主な仕事であることが多い。保護者対応の中心となることもある。

この仕事に就くためには？
　小規模の保育園、大規模の保育園とも、いずれの場合も、多くは現場で保育士としてキャリアを積んだ後に、主任保育士となる。なお、2003年に、一定条件のある認可園に主任をおく予算がついたため、以前よりも、園内に主任保育士がいることが一般化している。

ほかにもこんな仕事があるよ！

調理師

どんな仕事？

栄養士が作成した献立に従って調理を担う。給食のほかに、午後のおやつや、保育園によっては長時間保育される園児のための夕食（軽食）づくりも担う。調理が仕事の中心ではあるが、子どもたちとふれあい、一人ひとりの好き嫌いやアレルギー体質の状況を把握したり、また、子どもたち自身の料理の取り組みを支えるなど、園内の食育にかかわることもある。

この仕事に就くためには？

調理師は、「調理師法」に基づいて都道府県知事が行う調理師試験に合格し、都道府県の調理師名簿に登録されてはじめて、国家資格を得た調理師となることができる。調理師試験に合格する以外は、厚生労働大臣が指定した調理師養成施設を卒業すると、無試験で調理師免許が得られる。

Chapter 3

保育園を支える ために どんな人が 働いているの？

Chapter 3 保育園を支えるためにどんな人が働いているの?

保育園を支える仕事を

保育園の一年間を見てみよう。
そして、クラス担任の保育士以外の
保育園を支える職種、
また、地域で保育園を見守っている
人たちについても見てみよう。

 今井くん・中川さん「園長先生、保育園の子どもたちは、どのような一年間を過ごすのでしょうか」
園長「保育園は、事情によって年度の途中でも子どもを受け入れることがあります。そのため、どの子どもにとっても同じ一年とはいえないし、園によっても行事の取り組み方が違いますが、ひまわり保育園の一年間をお伝えしましょうか」

一年間は、4月1日から3月31日まで

園長「4月1日。いっせいに新入園児が入園してきます。今年度は、0歳児から4歳児まで、全部で20人。年齢はいろいろですが、在園児もいっしょにホールに集まって、入園式を開催します。仕事の関係で来ら

れない保護者もいますが、入園式後、顔合わせの保護者会を開きます」
今井くん「はじめてのお父さん、お母さんはドキドキするでしょうね」
園長「子どもたちもはじめての環境ですから、保育園の生活に慣れるまで、短い時間の保育から、終日の保育へ移っていきます」
中川さん「季節ごとの行事もあるんですよね」
園長「そうですね。担任の保育士は、4月いっぱいは新入・進級の子どもたちのようすを見守りながら過ごします。大切な1カ月です。その後、5月には親子いっしょに参加する親子遠足、7月の七夕、夏祭り。また、暑いさなかには、プール遊びなどに取り組みます。そして、9月は芋掘り遠足、10月には運動会、12月にクリスマス会、1月の餅つき大会のつぎには、2月の節分、発表会……と、一年間、いろいろな行事をそれぞれ成長の節目として、園生活を過ごしていくんですよ」
今井くん「そして、3月。年長さんは、いよいよ卒園となるんですね」
園長「卒園の前に、近くの小学校にみんなで見学に行くなど、小学校生活も伸び伸びと楽しめるように、就学後に向けての取り組みもします。そして、**3月31日には、各クラスいっせいに保育室を整え、翌日の新年度開始、つまり、新入園や進級に備えます**」
今井くん「翌日には新年度がスタート!? そうか、保育園は、一般的

3月末日に新年度の準備

Chapter 3　保育園を支えるためにどんな人が働いているの？

4月　◆ 入園式
　　　◆ 健康診断・視聴覚検査

5月　◆ 親子遠足

3月　◆ 卒園式

保育園の一年
イラストで

4月　5月
3月
2月
1月　12月

2月　◆ 節分
　　　◆ 発表会

1月　◆ 餅つき大会

12月　◆ 個人面談
　　　 ◆ クリスマス会

6月　◆ 保育参観
　　◆ 園外保育
　　◆ 歯科健診
　　◆ プール開き

7月　◆ 七夕祭り
　　◆ 夏祭り

8月　◆ プール遊び
　　◆ 職員研修

9月　◆ 芋掘り遠足

11月　◆ バザー

10月　◆ 運動会

な会社と同じように春休みはないんですね」

事務職員は園の運営を全面サポート

園長「さて、今井くん、中川さん、ほかにも多くの人が保育園を支えています。その人たちの仕事を紹介しましょう」

今井くん「はい、ぜひ、お願いします。園長室のとなりの部屋で、パソコンに向かっている方がいらっしゃいますね」

園長「ここは事務室です。ここで、保育園を運営するために必要なお金の計算をしたり、保護者への園からのおたよりをつくったりしています。それから、保育園には外からの電話がかかったり、郵便物が届いたりしますが、それらはこの事務室が最初に受けることになります」

事務職員「こんにちは。私たちは、**いわゆる事務の仕事をしています**。会計の帳簿をつけたり、職員のお休みを確認したり、お給料を計算したり。それから、理事会や評議委員会の開催に向けて、資料を整えたりもします。保育園の理事というのは、保育園の運営を見守り意見を出し合ってくださる方々のこと、また、評議委員というのは、外部の目で保育園が健全に運営されているか考えてくださる方々のこと

「保育園」が地域をつなぐ

保育園は、"保育を必要とする"子どものための児童福祉施設だが、最近、その役割がさらに広く求められるようになってきた。そのひとつが、保育園を中心として、新たな人と人のかかわりを育んでいこうという発想だ。実際、「地域子育て支援センター」などの子育て支援活動で、家庭の親同士をつないでいこうという取り組みがある。一方、近隣の高齢者を定期的に園に招き、子どもたちとの交流を図っている園もある。いずれも、同じときに同じ場で出会うことで、新たに"ご近所"と出会い、地域でのかかわりを増やしていってほしいという願いが込められた活動だ。時に、隣人すら知らないこともある今の社会に対して、保育園という場を中心にした"地域を育む"活動が、各地で進められているといえるだろう。

ですね。つまり、**保育園の事務室は、保育室や給食室の先生方がしない仕事を全部引き受けている**といっていいと思います」

園長「クラス担任は基本的に子どもたちにかかりきりですし、私や副園長は園外の会議に出ることも多いですから、そのあいだを守ってくれるのも、この事務室の職員なんです」

今井くん「一日ずっとデスクに向かって仕事をしているんですか?」

事務職員「いえいえ、役所に出かけていくこともありますし、運動会やバザーなどのさいは、園のメンバーとして準備にかかわり、当日もクラス担任といっしょに参加します。子どもたちや保護者のみなさんと朝夕あいさつをしますし、この事務室にいてもちゃんと保育園職員の一員なんですよ」

園舎内外の環境を守る用務の仕事

中川さん「プールの横の物干しには、おむつがたくさん干されていて、まるで運動会の旗飾りみたい。保育園って、洗濯物が多いですね」
園長「洗濯などの仕事は用務職員が担っています」

用務職員A「私の担当は主に洗濯と清掃です。園内の赤ちゃんのおむつ、子どもたちの日中の汚れ物、給食室で使うふきん類など、保育園の洗濯機は一日中フル回転です。もちろん、おむつとそのほかの洗濯物は洗濯機も分けて洗うなど、とても神経を使って洗濯しているんですよ。それから、園内の掃除は、保育室は、各クラス担任の保育士が子どもたちが帰った後にしていますが、玄関や浴室・トイレなどは私が掃除しているんです」

用務職員Ｂ「私の担当は、**主に園庭の整備や園舎の営繕関係で
す**。季節の花を植えたり、植木の世話をしたり、また、園舎内
の棚をつくったり、子どもたちが座る椅子を補修したり、日曜大工のよ
うな仕事もします」

中川さん「**保育園はほとんど一日子どもたちが生活している場所**。"お
おきなおうち"と考えたら、保育士の先生のほかにも、いろいろな用務
を担う人たちの支えが必要なんですね」

子どもたちの健康を見守る園医

園長「こういった園内の職員だけではなく、保育園は、園の外の人たち
ともつながっているんですよ。今日はたまたまいらしている園医さんを
紹介しましょう」

今井くん「こんにちは。あ、内海先生！」

園医「今井くん、こんにちは。大きくなったね。私は今もこの
園の園医をしているんだよ」

今井くん「僕が卒業した旭台小学校でも園医さんでしたよね。予防注射
のときなど、ちょっと怖かったのを覚えています。保育園と小学校の両

方の園医さんということは、地域全体の子どもたちの健康を見守ってくださっているんですね」
園医「**園医は、毎日、保育園にいるわけではないけれど、健康診断などでは、必ず子どもたち一人ひとりの健康状態を確認する**。そしてちょっと成長がゆっくりだな……、心は穏やかに育っているかな……、と心配な場合は、療育センターなど、子どもたちの成長を専門に見守る施設の先生方と連携をとっていくんだよ」

バザーやお祭りは地域の方々といっしょに

中川さん「玄関の掲示板に、『バザー開催！』ってありますね」
園長「そうそう！　バザーや、夏祭りのとき、保育園は近所の方々にずいぶんと助けられているんですよ」
今井さん「もしかして……パン屋さんですか？」
園長「今井くんはよく覚えているわね！　高木ベーカリーさんには、バザーのたびにひまわり保育園の名前を入れた特製あんパンをつくってもらっています。毎回、バザーの大人気商品で、いちばんに売り切れてしまう名物あんパンでしょ。それから、駅前商店街の柳青果店や田中精肉

> **コラム　専門機関との連携**
>
> 　特別な配慮や支援が必要な子どもや、虐待が疑われる子どもについては、保育士は専門機関と連携をとる必要がある。心身の育ち具合が心配な子どもの場合は、その子専用の日誌などをつけながら、ほかの子どもとのかかわりも含めて見守る。そして、園を訪れる発達相談などの専門家（園医や臨床心理士など）にようすを伝え、その子どもにどのように働きかけていくかをともに考えていく。
>
> 　一方、虐待が疑われる場合、衣服は十分に洗濯されているか、園内での給食やおやつの食べ具合はどうか、体にアザなどの傷跡はないかなど、小さな異変が虐待のサインとなることがある。その子どもの保護者のようすにも気を配りつつ、担任だけではなく園長を含めた複数の職員で見守りながら、児童相談所をはじめとする行政の子育て支援ネットワークと、連携をとっていくことが必要とされる。

店さんには、いつも給食の食材を届けてもらっているんですよ」
今井くん「そうか、だから、園の子どもたちがお散歩で商店街を通るとき、商店街のみなさんがいつも子どもたちに声をかけているんですね」
園長「そう、子どもたちは多くの大人たち、地域の方々に見守られながら育っていきたいですよね。だから、お散歩コースは、公園にまっしぐらに向かって思いっきり遊ぶこともあるけれど、**商店街に出かけて子ど**

もたちみんなで街のようすを見て回ることもするんです」
今井くん「芋掘り遠足のときは、ちょっと遠いところに行きましたよね?」
園長「毎年毎年、保育園の子どもたちが芋掘りを楽しめるようにと、近所の農家の井上さんが、専用の芋畑をつくってくれているんですよ」
中川さん「園専用の芋畑!」
園長「そこで採ったお芋を園に持ち帰って、みんなで焼き芋大会をするんですが、そのときには、井上さんもお招きしています」
今井くん「そうだ、覚えています。確か、見慣れないおじさんとおばさんが来て、いっしょに焼き芋を食べました!」
園長「子どもたちが、お芋を楽しく掘って、一生懸命、園に持ち帰って、それから園の行事として焼き芋大会をして、園のみんなでおいしくいただく。その姿をごらんになって、栽培してくれる農家の井上さんご夫妻も、とても喜んでくださるんです」
今井くん「こうして保育園にかかわる人たちをあげていくと、ほんとうにたくさんの方々が保育園を見守ってくださっていることが、よくわかりますね」

保育園は地域の人びとに見守られて

園長「それから、近くに泉野(いずみの)小学校があるでしょう？ 毎朝通ってくる小学生たちの交通安全のために、交通指導員さんたちが横断歩道で見守ってくださっていますが、その方々も、この園に通ってくる子どもたちのことはよく知っていて、声をかけてくれるんですよ」

中川さん「まさに、地域全体に見守られている保育園なんですね。これまでは、保育園とは、仕事をしているお父さん、お母さんが子どもを預けにきている施設(しせつ)、保育士が子どもたちといつもいっしょに遊んでいるところと思っていましたが、その見方がまったく変わってきました。地域の子どもたちが育っていく場として不可欠な存在なんですね」

園長「**私たち保育園で仕事をしている者たちは、広く社会で仕事をしているお父さん、お母さんたちを支えていることになります。**"昼間は安心して仕事をしてください。そのあいだ、お子さんは見守っていますよ、しっかり育てますよ"とお父さん、お母さん方を毎日送り出しているから、どなたも全力をあげて仕事に邁進(まいしん)することができる。そういう意味で、保育園は社会を支える一端(いったん)を担っているといえるでしょうか」

中川さん「確かに保育園がなかったら、特に女性の社員にお子さんが生

まれた途端、会社の仕事を担ってきた大事な人手を、会社は手放さないとならなくなるわけですよね」

子育て支援の取り組みも

園長「また、私たち保育士は、園に通ってくる子どもたちを見守ることだけではなく、**お父さん、お母さんになったばかりの方々の子育て相談を受けることも大事**に思っています」

中川さん「子育て相談?」

園長「赤ちゃんをはじめて授かった人は、たとえば、どうやってミルクから離乳食に変えていったらいいかわからない、あるいは、子どもがいつもかんしゃくを起こして困るのだけれど、どうしたらいいのか……など、子育てについての悩みが尽きません。そういった相談に対して、私たちのアドバイスで気持ちが少しでも楽になると、わが子の成長を見守りながら家族で暮らす幸せを味わえると思うんですよ」

今井くん「**家族を支える、それも保育園の仕事**なんですね」

園長「そういう仕事は、担任保育士だけが担うのではありません。園内の職員のチームワークがうまくいっていてこそ、家族を支えるような仕

> **コラム** 職場の近くに引っ越すことも
>
> 　長時間にわたり園を運営する保育園は、早番や遅番などを組み合わせる職員ローテーションの勤務態勢をとる。また、24時間子どもを受け入れるような保育園では、職員の勤務時間はさらに不規則になりがちだ。そういった職場条件などから、「職場の近くに引っ越す」という保育士は少なくない。通勤時間のロスを解消できるだけではなく、行事準備などの時期には、時に体力勝負となる保育士にとって"職住接近"はとても前向きな選択だろう。加えて、"ご近所に先生がいる"ことは、子どもたちや保護者の親近感や安心感にもつながる。暮らしの場が近くなると、「スーパーマーケットで会った！」「図書館で、こんにちは」ということもしばしば起こりそうだ。そういう場面が、保育園を中心とした地域づくりに、さらにひと役買うことになるかもしれない。

事ができるようになるんです」

今井くん・中川さん「僕たちは今まで、園舎と子どもたちと先生方しか目に入りませんでしたが、お話をうかがって、保育園が全然違う場所に思えてきました。保育園の役割って、保護者から子どもたちを預かって育てるだけではなく、地域で暮らす人たちがおたがいに支え合って生きていくための、地域の核になるような、とても大切な場なんですね」

家族を支えることも 保育園の仕事

職員全員で支える！

Chapter 3　保育園を支えるためにどんな人が働いているの？

働いている人に Interview! ⑤

園長

子どもたちや職員、保護者へも
常に目配りしつつ
園の運営全体を束(たば)ねる総責任者。

林　和恵さん
(はやし　かずえ)

現勤務園との出合いは、自分の子どもと園の脇(わき)を通りかかって。以来、現場の保育士を務めた後、園長に。今はお嬢(じょう)さんも同じ園の保育士。

Interview!

園長ってどんな仕事？

園内のありとあらゆる仕事をとりまとめ、責任を負う。職員の勤務ローテーションを最終決定したり、職員給与の額を考えたり、また、施設整備へ目を配り、補助金などの関係で行政とのやりとりもこなす。忙しさはたいへんなものだが、職員の気持ちをくみながら、自分の理想を描いて保育園を運営できる喜びがある。

自分の子どもを遊ばせたくて保育園の保育士に

　私の母が、私が子どものころから近所のお子さんを個人的に預かっていて、子どもたちが常に身近にいる環境で育ちました。ですから、自然と子どもにかかわる仕事がしたいと思って、高校卒業後は迷わず保育者養成校に進学しました。卒業後、幼稚園に勤務したのですが、結婚して子どもを授かったため退職しました。その幼稚園には6年間勤めましたが、当時、幼稚園に勤めていると、自分の子どもが生まれたら家庭に入るという考え方が一般的だったんです。

　ただ、子どもは生まれたものの、その子に友だちがいない。子どもには絶対に仲間が必要だと思っていたので、どこかにこの子の友だちになってくれる子はいないかな……とベビーカーを押しながら街を歩いていたら、今の勤務園のそばを通りかかりました。それで、「遊ばせてください！」ってお願いしたんです。ちょうどそのころ、新しく園舎を建てて預かる子どもの数も増えると聞いたので、「じゃ、入れてください!!」と頼んだら、「仕事をしていないと保育園には入れないんですよ」、と(笑)。園が大きくなるにあたり職員も募集していたため、保育士の資格ももっていた私はその園に就職し、子どもといっしょに通うようになりました。そして、クラス担任を十数年担い、主任を経て園長に。今8年目です。

会議、電話応対、勉強会、父母会……多忙な日々

　園長は、保育園全体が毎日スムーズに動いていくためのあらゆる仕事を担っています。クラス担任や給食の調理担当、看護師、用務職員など、園内の職員みんながうまく力を発揮できるようすを見守りながら、保護者のみなさんともかかわり、また、園の外の組織とも交渉していく仕事ということになるでしょうか。けれど、毎日のスタートは何気ないところから。実は、朝は犬小屋の掃除から始めるんです。すると、子どもたちも、お子さんを送っていらした保護者の方々もみんな話しかけてくれて、誰もがなごやかな気持ちで一日を始めることができるんですよ。

　つぎに、昨日一日のようすはどうだったのか、各クラスの保育士が記している「保育日誌」を読み始めます。その一方、お子さんの入園相談や職員新規採用についての問い合わせなど、電話がどんどんかかってきて、その対応にも追われます。

　それから、会議もたくさんありますね。毎日午後から、クラス担任や給食室など園内各担当の代表が集まる連絡会のような会議がありますし、月に1回は姉妹園の園長・副園長会議や、学童クラブも含めた全体会議

時間を見つけては園児の輪の中に入っていきます

Interview!

が開かれます。そのほか、園内研修に出席することもありますし、対外的には市区町村の園長会に出たり、地域の保育園・幼稚園と小学校が連携（れんけい）していくための「保幼小連携会議（ほようしょうれんけいかいぎ）」などにも出席します。

　この仕事をしていていちばんうれしいと思うのは、卒園生が戻（もど）ってきてくれることですね。子どもたちは、卒園式で「大きくなったら○○になりたい！」って列席している人たちの前で宣言するんですが、そこで、「保育園の先生になりたいです！」と大きな声で宣言した子どもがその通りに戻（もど）ってきてくれるんです。また、卒園児が大人になって、今度は自分の子どもをこの保育園に入れた

園長のある1日

7時20分	出勤。
7時30分	門や扉を開け、事務所の鍵を開ける。犬小屋掃除。職員が出勤。
8時	前日の保育日誌を読みながら、保護者にも声をかける。
9時	役所から電話。続いて学生から新規採用の問い合わせなど。
10時10分	3園合同の園長・副園長会議。
11時15分	給食室より味などを確かめるための「検食」が届く。園長は毎日この検食役を担う。
11時40分	給食。4歳児保育室で。
12時30分	理事会の準備と監査に備えて書類の整理。
16時	保幼小連携会議に出席するため近くの小学校へ。
18時30分	区の園長会に出席。
20時	帰宅。

※この日は予定が重なり超過勤務。そのため、翌日は午後より出勤。

こまめに保育士と打ち合わせ

い、とやってくることもあります。戻ってきた一人のお父さんはこんなふうに言うんです。「自分は保育園時代、ほんとうに楽しかった。自分の子どもにも、同じような思いをさせてあげたい。自分も園のためにがんばります」。そう言って父母会の役員も引き受けてくれたりしてね。

そういう姿を見ると、"大きくなるってすてきなこと"だと思うんです。私たち保育士はいろいろな夢を語り合いながら子どもたちを育てていますが、長く勤め続けた結果、そういう"元・子ども"に再会できると、もっと未来に希望を抱くことができます。子ども時代って、その子どもにとって二度とないかけがえのない時代です。誰もがその子らしく伸び伸びとできる環境を整えてあげたい。そのために、職員とも手をつなぎ、職員自身も自分らしく子どもたちとの保育園生活を楽しめるような、そんな保育園にしていけたらと思います。

園長として、これからの保育士に願うこと

保育士になりたいと思う人には、「どうぞたくさん遊んできてください」と言いたいですね。机にかじりついて勉強ばかりしてきた人は、子

園の運営にかかわるすべてが園長の仕事です

Interview!

どもには魅力がないんです。子どもにとって魅力のある人は、遊びを知っている人です。独楽回しが得意だった、竹馬はクラスでいちばんうまかった、走ることは誰にも負けなかった、そういう体験をいっぱいしてきてほしい。そして、それを子どもに伝えられる人がいいなと思います。何かに打ち込んできた人って、子どもにはわかるんですよね。

そして、もしも、念願が叶って保育園で保育士として仕事を始めたなら、どうぞ続けていってください。継続は力なり、です。最初は戸惑うことも多いかもしれません。泣きたくなるときもあるかもしれません。でも、保育園は人が集う場で、集う人たちは日々変化していきます。人とのかかわり方も変わってきます。そういった変化は、たった一人の保育士が、一歩前に踏み出すことから始まるかもしれません。

保育園は子どもが成長する場です。同時に、大人も成長していきます。子どもたちのようすからも気付くことがたくさんあり、職員同士のかかわりや、保護者の方からの声で目が見開かれることもあります。そういう気付きが重なって成長していくようすが、手に取るように感じられる場所、それが保育園なんですよね。だから、保育園は楽しい。そういう姿をおたがいに感じ合っていけるのは、幸せなことだと思います。

園長（所長）になるには

どんな学校に行けばいいの？

保育士資格を得た後、まず、現場の保育士に。その後、クラスリーダー、主任保育士、副園長……と職階が上がっていって園長となるケースが多い。ただ、法令上は、施設長（保育所所長）に保育士資格は必要なく、認可園であっても、保育士資格はなくとも運営力のある人が園長を担っていることもある。

どんなところで働くの？

園長には特定の資格が必要ないため、「園長だからここで働ける」という場は特に限定されていない。施設の設備が整い、基準に合った職員が配置されていれば、求められたときに園長になれるが、行政（市区町村）によっては、「認可園の園長は現場経験〇年以上」という条件をつけているところもある。

Chapter 3 保育園を支えるためにどんな人が働いているの?

働いている人に Interview! ⑥

事務職員

経理、行政とのやりとり、保護者への連絡(れんらく)など保育園内のありとあらゆることを担う、縁(えん)の下の力持ち。

江原智史(えばらさとし)さん

大学卒業後、留学する人を支援(しえん)する企業(きぎょう)に勤務の後、自分が卒園した保育園の事務職員に。今は、自分の子どもも同じ園の園児。親子いっしょに登園する日々。

Interview!

事務職員ってどんな仕事？

経理、人事管理などのほか、園によっては園内の環境整備のための用務業務なども含め、保育園がスムーズに運営されていくための、「保育」と「給食」以外のあらゆる仕事を担う。ただし、園によって、誰が事務職を担うかはいろいろ。専任の事務職員がいる場合もあり、また、園長が兼任する園もある。

育った園で、今は事務職員として働く

実は、私はこの園の卒園児だったんです。園ができたときに4歳で入園、2期生にあたります。大学を卒業し、最初は一般企業に就職したのですが、誘われてこちらの園に転職しました。今、3年目です。この保育園には、グループ園として、ほかにも保育園や学童保育があります。

保育園の仕事というのは、「保育」「給食」「事務」が三本柱になっています。「保育」や「給食」という仕事内容が想像しやすいものに比べて、「事務」はとても地味な仕事です。しかも、個人情報を漏らしてはいけないなど、守らなければならないことも多くあります。けれども、事務の仕事がうまく機能していてこそ、「保育」「給食」がスムーズに回っていくんです。縁の下の力持ちとして、しっかりとほかの二本の柱を支えるようにしています。

日常の主な仕事は、役所に提出する書類作成、園の保護者や職員への対応、電話や来客の応対。それから、子どもたちのために園内で開催している造形教室やピアノ教室など、外から来る講師の方々のスケジュール管理や当日の送迎など。時には、子どもたちから声をかけられていっしょに遊ぶこともありますが、園舎内外の建物・設備が壊れていないか確かめたり、故障した機器への対処も大事な仕事。つまり、この園の事務職員は、保育と給食以外の園内のありとあらゆる仕事にたずさわっているといえますね。

事務にかかわっている職員は、現在、私を含めて4人います。経理関

係を主に担う人、保護者対応の事務をする人、それから、役所に提出する書類作成をする人と、それぞれ分担しています。私は主に役所関係の仕事を中心に担っています。園には、税理士や社会保険労務士といった方々もかかわっているので、彼らに渡す書類などを整備するのも仕事です。一般的な企業でしたら、事務系の仕事として「経理」「総務」「広報」と業務を分野別に分けていると思いますが、私が勤務する園内では、事務職に保育や給食以外のすべての業務が集約されているため、数多くの仕事をそつなく、フットワーク軽くこなさなければなりません。

ひと言では語れない、事務職の仕事

この仕事の難しいところ、それは、先にお話ししましたが、個人の情報など守らなければならないことがたくさんあることでしょうか。お給料の計算などもありますからね。パソコンの画面が人の目にふれる時間帯には、そういった作業は控えるようにしています。

それから、優先順位の判断です。園内のありとあらゆることごとにかかわっているため、「何が大事か」「この仕事の目的は何なのか」を考え

園長と行事のスケジュール確認

ながら取り組んでいます。私が勤務している園は組織が大きいために、「どの人に決済を仰（あお）ぐか」も大切です。それが時に、何人も必要になると、決済を通す順番も大事になります。

また、常に整理整頓（せいとん）を心がけています。ビジネスの世界では、「仕事ができる人はデスク回りが美しい」とよくいわれますが、周辺をきれいに整えておくことで、突発的（とっぱつてき）な仕事にも、すみやかに対応することができるんです。

それと、特に大事にしていることは、「正確であること」「効率よく」「継続性（けいぞく）を考えて」。お金の計算を間違（ちが）ってはいけませんし、膨大（ぼうだい）な作業

事務職員のある1日

8時30分	出勤。事務室内の清掃。コーヒーメーカーにスイッチを入れる。子どもたちが続々と登園。にぎやかになってきたら、伸び伸び遊べるように4歳児と5歳児クラスにある仕切りを外す。
9時30分	おおよそ園児が登園したら、保護者からの書類や集金などの仕分けをする。モノが壊れるなどしたらすぐに修理。
10時30分	園庭で子どもたちと遊ぶ。飼育している動物・魚類の世話。
12時	昼食。
13時	電話や来客の対応。
14時	役所へ提出する書類の作成。いろいろな事務処理を集中的に。
15時30分	園の来訪者の送迎。
16時30分	園長と園内の行事スケジュールを確認。
17時	経理関連の事務処理。
18時	翌日の仕事内容を確認。帰宅。

事務仕事にパソコンは欠かせません

に取り組むときはスムーズに手早く進めたい。また、同じ仕事をどのように明日へつなげていくか、見通しをもって取り組んでいきたいと考えています。

　仕事の内容を一概に語れないというのも、保育園の事務職の特色かもしれません。ほかの保育園では、事務室が独立していたり、子どもたちや職員・保護者の目にふれるところにあったりと、それぞれ環境が違います。子どもたちとまったくかかわらずに仕事をする環境の園もありますし、私のように子どもたちのそばで働き、時にはいっしょに遊ぶ事務職員もいます。そうなると、担う仕事の種類も違ってくるんです。

　ですから、保育園の事務職員となった場合には、それぞれの園のあり方の中で自分の仕事は何か、どのように進めていくか、把握することも大切かと思います。

いつだって「子どもを真ん中に」を意識して

　この仕事について、よかったなぁと素朴に感じるのは、いろいろな経験ができることでしょうか。運動会があれば、音響セットを操作するこ

事務職員同士で打ち合わせ

とになりますし、研修会などがたび重なれば、スライドなどを作製する技術がみがかれることにもなります。

　この仕事に向いている人ですか？　技術的なこと、たとえば、パソコン操作などが得意ということだけではなく、人間性こそが大切だと思います。人間性とは抽象的な表現ですが、この仕事は子どもたち、職員、保護者のみなさん、行政の担当者など、日々多くの方々とかかわりをもつ仕事です。スムーズで心地よいコミュニケーションが図れること、それが大事なんです。ですから、まずは、人として教養や懐の深さなどの人間性をみがくこと。技術的なことは、後からついてくると思います。

　それともっとも大切なことは、事務の仕事をしていても、いつも保育士たちと手をつないで、「子どもが真ん中にいる」という気持ちを忘れないことだと思います。懸命に仕事をしているとき、自分に返ってくるのはお金のような報酬よりも、仕事をしているときのやりがいです。保育士のように、日々直接的に子どもにかかわっているわけではありませんが、自分がいてこそ、この保育園が誰にとっても心地のいい、子どもたちの健やかな育ちの場になっている、そう思える気持ちでしょうか。

事務職員になるには

どんな学校に行けばいいの？

　私立（含む株式会社立）の保育園事務職員になるには、その法人の職員採用試験（入社試験）を受ける。公立園の場合には、公務員試験などを経て配属されることが多い。パソコンの操作技術は必須。また、経理関係を担うことから数字に強いこと、手書きの書類作成もあるため、文字をていねいに美しく書けることも大切。

どんなところで働くの？

　主に、保育園内の事務室で勤務する。ただし、事務室内で書類に囲まれてさまざまな文書やデータを作成・管理するだけでなく、行政に出向くなど、保育園の運営に必要な対外的な折衝の場も職域のひとつといえる。

ほかにもこんな仕事があるよ！

副園長

どんな仕事？
　保育園の規模にもよるが、園長の補佐をしながら、園内全体に目配りを利かせることが主な仕事。行政などに対応するような対外的な仕事、あるいは、園内で子どもたちの育ちを見守りながら保護者ともかかわっていくなど、園全体の責任を担う園長一人では、まかないきれない部分を担っていく。

この仕事に就くためには？
　公立保育園の場合は、クラス担任などの現場の保育士としてキャリアを積んだ後、副園長を任される（その後、任用試験などを受け合格後、園長へ昇進するケースが多い）。私立保育園の場合には、法人関係者が園長になっていて、主任的な役割を副園長が担っている園もある。

園医

どんな仕事？
　いわば、保育園の"かかりつけ医"で、専門分野は主に小児科と歯科が多い。春や秋などの健康診断のときには、園児全員の健康状態、発育状態を診る。感染症が流行し始めるころなどには、発症や拡散を防ぐために、保育園で働く看護師と連絡を取り合いながら、対策を講じることもある。

この仕事に就くためには？
　大学の医学部で6年間学んだ後、医師国家試験を経て医師免許を取得する。なお、園医は、その保育園の近くで開業している「開業医」であることが多い。遠方の開業医ではなく、近隣の開業医が園医となると、園児が暮らす地域のようす（生活圏）も把握していることになるので、園にとってさらに頼れる存在となる。

ほかにもこんな仕事があるよ！

用務職員

どんな仕事？
　保育園の園庭および園舎内外の整備をすることが主な仕事で、園庭を清掃したり、樹木や花壇の草花がいきいきと育つように手をかけたりする。また、園舎の内外で不具合（破損など）が見つかった場合は、すぐに修理などをする。さらに、0歳児クラスで使うおむつなどの洗濯や、保育室や廊下の掃除なども担う。保育士と協力して遊具の整備をすることもある。

この仕事に就くためには？
　公立保育園の場合は、行政の人材募集に応募する。私立保育園の場合は、園の募集に応じる。特別な資格を必要とはしないものの、"先生"ではなく"親"でもない一人の大人として、子どもたちに慕われることも多い。「保育園士」という名称で、園内での一定の役割を認めている行政もある。

保健師

どんな仕事？
　都道府県・市町村の保健所などで、市民の健康な暮らしのために健診推進や、よりよい生活習慣の啓発などを担う。企業内でも保健師として働くことができたり、保健師の資格を取得した上で所定の単位を修得すると学校内の保健室で養護教諭（2種）となることもできる。保育園に勤務する場合は、園内の衛生環境を保つ取り組みに留まらず、積極的に子どもたちの感染症予防や傷の手当てなどを担う。

この仕事に就くためには？
　国家資格を得てはじめて「保健師」を名乗ることができるが、その資格は、看護師の資格を得た後、1年間の課程教育を受け、その上で、保健師助産師看護師法に定められた保健師国家試験に合格して得ることができる。

Chapter 4

幼稚園では どんな人が 働いているの？

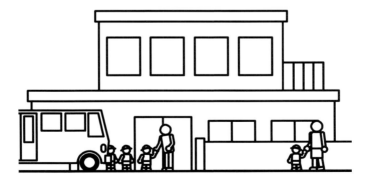

Chapter 4 幼稚園ではどんな人が働いているの?

幼稚園の一日を Check!

幼い子どもたちのあこがれ、
幼稚園の先生は、
子どもと遊ぶことが仕事?
仕事の時間が短くて楽そう?
そんなふうに思われることも少なくない
幼稚園の仕事の実際は……。

「くすのき幼稚園」は、丸山区にある私立幼稚園。3歳児の「年少」が2クラス、4歳児の「年中」が3クラス、5歳児の「年長」が3クラス、合わせて200人の子どもたちが通っている。今井くんと、この幼稚園に3年間通った中川さんがいっしょに見学に訪れた。

　　　　＊　　＊　　＊

つぎつぎと登園してくる子どもたち

　中川さん・今井くん「おはようございます。見学にうかがいました中川と今井です。よろしくお願いいたします」

　園長「おはようございます。中川さんは、この園を卒園して何

年目になるかしら。でも、保育室のようすは変わらないでしょう？」
中川さん「卒園制作の壁画もそのままでとてもうれしいです。なつかしいですね」
今井くん「子どもたちがつぎつぎにやってきますね。みんな自分で歩いてくるのですか？」
園長「くすのき幼稚園は、子どもたちの脚力を育てたいと考えています。そのために、おうちが近い園児は、自転車に乗らずに**親子で歩いて登降園する**ことを勧めているんですよ」
中川さん「あっ、園バスが園に戻ってきました！」
園長「毎日３台の**マイクロバスが園児を迎えに行っています**。クラス担任の幼稚園教師も同乗して、添乗員として子どもたちを迎えます」
園バスの運転手「やぁ、中川ミワちゃんだね！　大きくなったねぇ」
中川さん「あ！　バスの先生……山田先生‼」
園バスの運転手「ミワちゃんは、３歳で入園したばかりのころは、登園のときに停留所でいつもお母さんにしがみついていたよね」
中川さん「ぜんぜん、覚えていませ〜ん（笑）。でも、幼稚園はずっと大好きで、友だちのエリちゃんと小学校に行ってからもよく園の話をし

Chapter 4　幼稚園ではどんな人が働いているの？

幼稚園を
イラストで見てみよう

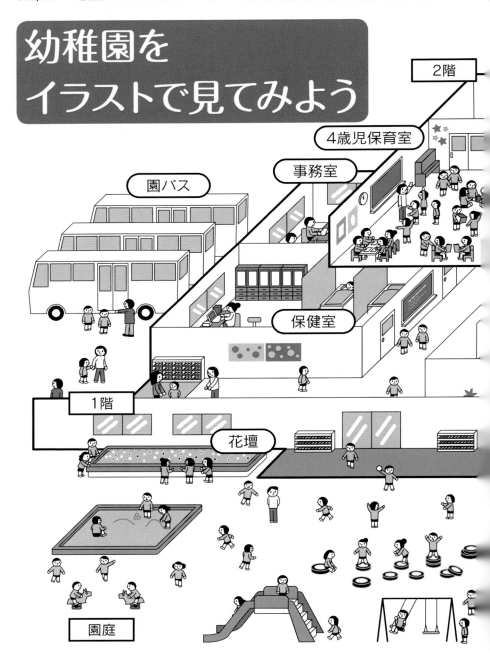

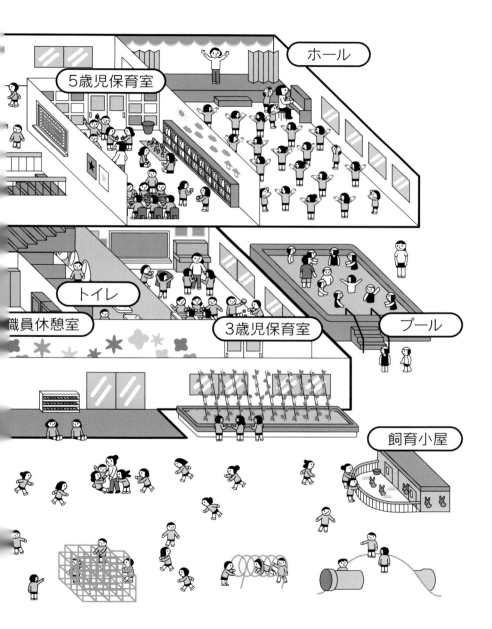

ていたんですよ〜」

自由遊びの時間から「朝の会」へ

　お母さんやお父さんに送られて、あるいは、バスに乗って登園した後、子どもたちは、帽子や通園バッグを置いて遊び始めた。部屋で遊ぶ子、園庭に出て遊んでいる子、それぞれ好き好きに遊んでいる。やがて、子どもたちが、先生に声をかけられて部屋に戻り始めた。

今井くん「今から何をするんですか？」

園長「くすのき幼稚園の登園時間は、朝8時半から9時まで。登園してくると、子どもたちは、まず、**部屋や園庭など好きなところで遊びます。これが自由遊びの時間です。**そのあいだ、担任の幼稚園教師や主幹教諭は園庭で子どもたちを見守っています」

主幹教諭「こんにちは。私はこの幼稚園の指導計画などをとりまとめながら園全体の保育を見守っている主幹教諭です。また、子どもたちにとっては担当クラスが決まっていない（フリー担任）ということで、実際の保育にもかかわっています。担任の幼稚園教師といっしょに保育計画をつくったり、休みの先生の代わりにクラスに入っ

先生一人、子どもは35人

　幼稚園の一クラス定員は基本的に「子ども35人に対して先生は一人」。担任一人で大勢の子どもたちを遊ばせたり、発表会などに取り組んでいくのは大変そうだが、これも幼稚園教師の教育的技術のひとつ。子どもに無理強いせず、子ども自身の「やりたい！」「こんなふうに遊びたい!!」という気持ちを大切にして向き合ってこそ、豊かな幼稚園生活となる。そこで先生は子どもたちの気持ちを察し、子ども自身が動くように考えて、働きかける。また、子どもが「先生、遊んで！」とやって来た場合、その子にだけかかわるとほかの子どもへの注意が疎かになることもある。この場合、友だち同士で遊ぶように仕向けたり、しゃぼん玉のような、子ども同士で楽しめる素材（遊具）を考える教材研究も、仕事のひとつといえる。

たり、園内で必要とされるときにいつでも動くのが私の役目です。園長が園外の会議などで不在のさいは、園長の代わりとして電話などの対応もします」

中川さん「私が園児だったころは、そういう先生がいらっしゃるとは気付きませんでした。**主幹教諭って、クラス担任のチームリーダーのような先生**なんですね」

クラスごとに行う活動とは？

園長「自由遊びの後、自分のクラスの部屋に戻るのが10時。担任は小さくチャイムを鳴らして促しますが、時計を見て、自分たちで部屋に戻ってくる子どもたちもいます。また、年中や年少の子どもたちは、先生に伴われるだけではなく、年長さんが部屋に戻るようすにつられていっしょに戻っていきます。

　そして、各クラスに分かれて、担任の幼稚園教師の声かけで『朝の会』をします。**『朝の会』では、あいさつをして、お休みの子どもを確かめて、今日、みんなで取り組みたいことがある場合はその話をします**」
中川さん・今井くん「部屋に入ってみていいですか？」
園長「どうぞ、どうぞ。4歳児『たんぽぽ組』担任、山中先生です」
幼稚園教師「こんにちは。今日は、クラスのみんなで力を合わせて、大きい絵を描いて、それをさらに貼り合わせて作品をつくっていきます。来月に予定されている発表会で、子どもたちはお芝居を演じるんですが、これから描く絵は、そのお芝居の背景になります。お父さん、お母さん、地域の人も楽しみにしていらっしゃる発表会なんですよ」

中川さん「たんぽぽ組は、**子ども30人に先生が一人なんですね**。大変そうですが……、でも、子どもたちはグループごとに分かれてちゃんと座っていますね」
園長「幼稚園は、保育園に比べて担任一人が受けもつ子どもの人数が多いんです。ですから、子どもたちがなるべく子ども同士でかかわるように働きかけて、また、自分たち自身で動いていけるように、手を洗うこと、トイレに行くことなど、生活習慣を軸にして、一日の保育の流れをつくっていくんですよ」
今井くん「みんな一生懸命に描いていますね。そういえば、そろそろおなかが空いてきました」

お弁当の時間。「食育」を大切に

幼稚園教師「さあ、みんな、お弁当の用意をしましょう」
中川さん「くすのき幼稚園の子どもたちはお弁当を持ってくるから、栄養士さんや調理師さんはいないんですね」
幼稚園教師「幼稚園によっては給食を出すところもありますが、ここの幼稚園は、ずっとお弁当です。子どもたちは、朝、お弁当を持ってきた

ら、寒い時期には保温庫に入れます。そして、お弁当の時間になったら、机をグループごとに並べて、おしぼりタオルを配って、お弁当を出します。当番の子どもがみんなの用意ができたことを確かめて、いっせいに"いただきます！"。さぁ、みなさん、手を洗いましょうね」

中川さん「先生もお弁当を持ってきて子どもたちと食べるんですね。私たちも持ってきたお弁当をいっしょにいただきます」

今井くん「先生は、お弁当を食べながら、子どもたちにいろいろと話しかけていますね」

園長「このクラスの子どもたちは30人。5グループに分かれてグループごとにテーブルを囲むようにお弁当の時間を過ごします。担任は毎日違うグループと**いっしょにお弁当を食べながら、食事のひとときが楽しくなるように話しかけつつ、子どもたちの食の進み具合なども見守っている**んですよ」

中川さん「先生といっしょに食べる日がとても楽しみでした！」

園長「おうちの方が毎日毎日つくってくださっているお弁当です。みんなで楽しく、おいしく食べたいですよね。

　ほかにも、くすのき幼稚園では、園庭でつくったキュウリやジャガイモなどの野菜を、年長の子どもたちが料理して、年少の子どもたちもい

> **コラム**　「預かり保育」── 夕方まで幼稚園で
>
> 　幼稚園の保育時間は、一日標準4時間と幼稚園教育要領で定められている。が、近頃は、多くの幼稚園が、一般的な午後2時ごろのお迎え時刻の後も、同じ園内で子どもを預かる「預かり保育」に取り組んでいる。おおむね、午後6時ごろまで子どもを預かるため、仕事をもっている保護者でも、子どもを幼稚園に通わせることができるようになった。幼稚園によっては、「預かり保育」専門の職員を置くところもあるが、クラス担任の職員が当番制で、子どもを見守っているケースも少なくない。2008年度の文部科学省の調査によると、「預かり保育」の実施は、公立幼稚園で47％、私立幼稚園で88.8％にのぼる。「幼稚園」という施設名を使っていても、保育時間だけ考えると、「保育園」と差がなくなるような日は近いかもしれない。

っしょに園内みんなで食べる**『食育』も行っています**。野菜の苗を植え、当番で順番に水をあげて生長を見守り、みんなで収穫して、サラダやカレーにするなど調理して、先生もいっしょになって食べるんです。ほぼ半年、作物によっては1年もの時間がかるのですが、お弁当の時間と併せて、この園のなかでも大切にしている『食育』のひとつなんですよ」

Chapter 4 幼稚園ではどんな人が働いているの?

お帰りの会の後は……?

　おしゃべりが弾む、楽しいお弁当の時間が終わると、お迎えの時刻まで、子どもたちは、また、室内や園庭で思い思いに遊んでいる。

幼稚園教師「そろそろお帰りの時間ですよ。『お帰りの会』をしましょう。みなさん、帽子と通園バッグを持って、椅子に座りましょう。さあ、うたを歌って、今日は……絵本を読む？　紙芝居をしましょうか？」

中川さん「あ、もう、お母さんたちが何人かお迎えにきました」

園長「担任は、**迎えにきた保護者一人ひとりと話しながら、その日の子どもたちのようすを伝えていきます**。もちろん、子どもたち自身も"あのね！"っていっぱいおしゃべりしますが、虫さされやケガなど、担任があらかじめ伝えておきたいこともありますから」

中川さん「すると、園バスに乗って帰る子どもたちは、添乗の先生が、停留所で保護者に子どもたちの今日のようすを知らせるんですね」

今井くん「今、午後の２時です。これで、幼稚園の一日は終わりだとすると、保育園に比べてとても短いですね」

園長「保育園は、保護者が仕事などをしている子どもたちが通う施設なので、保育は長時間になります。でも、**幼稚園は、基本的に一日の保育**

時間は4時間と定められています。ただし、保護者の都合により、『預かり保育』で園に居続ける子もいますし、園の中で開いている造形などの教室に参加する子どもたちは、夕方までそれぞれの教室で時間を過ごすんですよ。その教室のようすは、また、後でお話ししましょう」

園内園外のさまざまな会議

　子どもたちが帰った後の幼稚園は、しーんとしていて、昼間とはまったく違う雰囲気だ。各クラスでは、担任の先生が、日中の子どもたちが自由遊びの時間に使った工作素材の残りなどを片付け、掃除をしている。トイレなども職員みんなで分担して清掃をすませた後、いくつかの教室に分かれ、それぞれ集まり始めた。

中川さん「先生たちの会議ですか？」

園長「今日は、週に2回開いている『学年会』の日です。各学年のクラス担任が集まって、保育をふり返ったり、明日以降の予定を確認したりします。また、発達が気になる子どものようすは、ほかのクラスの先生も常に見守っていますから、それぞれ観察したようすを伝え合い、必要があれば、専門機関へつなげるなどの話し合いもします。今日は、年中

Chapter 4 幼稚園ではどんな人が働いているの？

クラスだけではなく、年少クラスや年長クラスでも、それぞれの学年の担任たちが集まって話し合っているんですよ」

今井くん「今日は何について話し合うんですか？」

幼稚園教師「来月に予定されている発表会の準備についてです。4歳児3クラスのそれぞれの取り組み具合を報告し合って、補えるところはおたがいに補い合いたいと考えています」

園長「そのほかに、職員会議は、各学年のリーダーが集まる会議が週に1回、職員全員が集まる全体会議が月に2回……」

今井くん「**いろいろな会議があるんですね**」

園長「入園式や遠足、運動会、発表会など、園内の大きな行事は、職員全員が力を合わせて取り組んでいきますので、こまめな打ち合わせはとても大切なんです。また、園内だけではなく、園外で開かれている会議にも参加します。地域内の園長が集まる園長会議や、各園の主幹教諭が集まる会議があったり、幼稚園だけでなく、保育園や小学校がともに子どもたちの成長を見守ろうという取り組みのための会議もあります。また、地域の町内会などに出席することもあるんですよ。会議出席の日程調整だけでもなかなか大変ですが、幼稚園は、地域のさまざまな活動ともつながりながら、子どもたちを育んでいきたいと願っているんです」

> **コラム** 「保育園・幼稚園」と「小学校」をつなぐ取り組み
>
> 　この何年か、保育園・幼稚園を卒園して小学校に就学した途端、環境の違いに子どもたちが落ち着かない、立ち歩く……といった「小1プロブレム」が多くの学校で「困った問題！」と報告されてきた。そのため、最近、発達の流れを満6歳の4月1日（小学校就学時）で区切ることなく、滑らかな育ちの流れを見守ろうという取り組みがなされている。たとえば、保育園の子どもたちが小学校の運動会に出場したり、幼稚園の子どもたちが小学校の授業見学に行くといった交流事業などが行われているほか、先生方が職場交換して子どもたちにかかわるという期間限定の異動事業が行われている地域もある。一定期間、幼稚園の先生が小学校の先生となり、小学校の先生が幼稚園の先生となる取り組みである。子どもへの働きかけ方が異なる「園」と「小学校」。先生方がおたがいに学べることはたくさんありそうだ。

中川さん「先生たちが、園のホールに集まってきました」
園長「実はここで"ひと休み"なんです。職員はみんな朝早くから出勤して、お弁当の時間も子どもたちといっしょに食べるので、休憩にはなりません。だから、**この時間帯に職員全員でお茶を飲みながらおしゃべりをして、気持ちと体を休め、今日の最後の仕事に取りかかるんですよ。**そのお話もまた、後でしましょうね」

Chapter 4　幼稚園ではどんな人が働いているの？

働いている人に Interview! ⑦

幼稚園教師

3歳または4歳から就学前まで、
子どもたちの学びたい気持ちを
促しつつ育んでいく。

多田友恵さん

卒園した幼稚園に舞い戻り、勤め始めて6年目。大好きだった園に再び通いながら、「保育は難しい、だからこそ、もっと勉強を重ねたい」と、意欲をかき立てられる職場に感謝する日々。

Interview!

> ### ▶ 幼稚園教師ってどんな仕事？ ◀
>
> 　就学前の子どもたちの育ちを見守り、その年齢にふさわしい幼児教育を施す。最近は、クラスそろって同じ取り組みをする「一斉保育」だけではなく、子どもたちが自在に遊び、学んでいく「自由保育」を尊重する傾向が強い。子ども集団がたがいにかかわり合い学び合っていくように、寄り添える力量が求められる。

幼いころから子ども好き

　子どものころから、小さい子が好きでした。「こんなことしてみようか～」って、いっしょに遊ぶのがおもしろくて楽しくて。中学生のころ、自分の将来を考えるときに、図書館に「仕事」に関する本がいろいろあって、花屋さんに勤めるのもいいなぁと思いながらも、やはり、「もっと子どもと遊びたい！」という気持ちがありました。それで、保育者養成校の附属高校に進学しました。附属校でしたが、上の短期大学に進学するためにはそれなりの成績が必要でしたので、懸命に勉強しました。

　そのころは、「幼稚園の先生は、一日中、子どもと遊べる。なんといい仕事だろう」と思っていました。でも、実際に短大に通い始め、保育実習に臨んではじめて、「幼稚園の先生って子どもと遊ぶだけじゃない！」と、気付きました。大勢の子どもたちのようすを一人ひとり見守り、それぞれの子どもにさりげなく配慮とサポートしている。こんな大変な仕事は、とても自分には務まらないとすら思ったんです。

　保育実習は、現在の勤務園で取り組みました。実は私は、ここの卒園1期生で、ずいぶん悩みましたが、やはり子どものことが好きでしたから、幼稚園の先生になろうと決心しました。そして、どうしても大好きなこの園に勤めたくて頼み込んだんです、「お給料はいらないから入れてください！」って。園長先生は、私の勢いに笑っていましたが……。

元担任の先生といっしょに仕事をすることに

　たまたま退職される先生がいらして職員募集があったので、幸運なことにこの園に就職できました。それで、新卒1年目のとき、私が園児のときの担任の先生が、副担任でついてくださいました。いっしょに子どもたちの保育をすることになったんですよ。先生には、「まさか戻ってくるとは思わなかった」って言われました。小さいころの私は引っ込み思案な子どもでしたから、その後、幼稚園の先生になりたいと思うようになったなんて想像できなかったのでしょう。

　幼稚園教師になり6年になります。やめたいと思ったことは一度もありません。でも、最初のころは、自分が何もできないということが悔しくてなりませんでした。保育や幼児教育に関する勉強はしてきたものの、現場で"生の"子どもたちを相手に、その時々をどのように判断して動いたらよいのか、それがとても難しい。そもそも自分をどのように知ってもらうか、子どもたちとの信頼関係はどのように築けばいいのか……。幼稚園の先生は、指導案を考えたり教材の準備をしたり、園内の清掃をしたり、とても忙しい。私は最初のころ、忙しさのあまり、目の前にい

園児たちと。「今日もみんな元気かな〜？」

Interview!

る子どもとは違うほうを見ながら相づちを打ったりしていました。でも、ほかの先生方は、どんなに忙しくても、子どもと話をするときには、子どもの正面でちゃんと向き合って話をしているんです。それができなくて、悔しくてなりませんでした。

「本気で遊べ!!」

そのころ、副担任の先生に「遊ぶときには本気で遊べ!」って言われたんです。でも、私は本気で遊ぶという意味がわからなかった。だって、かけっこだって、先生が本気で走ったら子どもをすぐに追い抜いてしまう。それでいいのかと思っていまし

幼稚園教師のある1日

7時55分	出勤。職員ミーティング。
8時	園バスの出発を見送り、清掃。
8時50分	園バスが園に戻り、保育室で子どもたちの受け入れ。
10時30分	朝のあいさつの後、一斉活動。造形遊び、運動遊び、散歩など。
11時30分	給食・お弁当の準備。子どもたちとともにテーブル拭きや配膳。
12時15分	給食・お弁当の後片付け。
13時	片付けの時間。子どもたちとともにおもちゃなどを片付ける。
14時	降園の時間。園バスを見送り、徒歩通園の子については、お迎えの保護者一人ひとりと話しながら見送る。
14時15分	園内の清掃。各保育室、廊下、トイレなども。
15時30分	職員休憩。寛ぎのひととき。
16時	保育日誌記入。教材準備。
16時30分	帰宅（日により職員会議も）。

「さあ、これから何をしようか？」

た。そうしたら、「そういうことを考えているから、遊びがつまらなくなるんだ」と。先生は真剣に向き合って、まるごと子どもとぶつかっていく。子どもは「負けるもんか！」と思いっきり力を出す。だから子どもは伸びていく。先生が力加減をしたら子どもはわかるんだ、って。

　園生活でも先生の力が問われます。たとえば、みんなで遊んだおもちゃを片付けるとき。私が「片付けなさい」と言ったら、言われたことを子どもたちはするでしょう。でも、そうではなくて、これだけ散らかっているおもちゃをどうしたらいいだろう。このままにしておいたら、明日どうなる？って、子どもたちといっしょに考える。そういう話し合いは、子どもたちとの信頼関係があってこそ成立するんですよね。

　子どもたちは一人ひとり違います。どのようにしたらその子に寄り添っていけるか、あるいは、どのようにしたら子ども集団をつくっていけるか、最初は考えてばかりいました。今は、経験も重ねてきましたし、ずいぶんと子どもたちにも鍛えられてきました。あのころは、悔しさのあまり、「今に、副担任の先生を抜かしてやるぞ」なんて思っていたんですけど、今は、私らしい保育をしていけばいいんだと思えるようにもなりました。だからこそ、もっと自分自身、成長していきたい。もっと

絵本の読み聞かせ

勉強を重ねたい。子どもたちの発達のことも、障がいについても、遊びについても、学びたいことはたくさんあります。そしていつの日か、先生と対等に、とことん保育の話をしてみたいと思っています。

子どもたちは愛のかたまり

　子どもたちの素の声を聞くことができたとき、この仕事をしていてよかったと思います。先日も降園時に、「今日もおもしろかった〜♪」って言いながら帰る子がいたんですよ。いい一日だった。明日も今日の続きがしたい。子どもたちが心底そう思える場にいられるのはとても幸せです。それから、ふとしたつぶやきが心に響くことがあります。「先生、なんで空はこんなにきれいなんだろうね……」。目が見開かれる思いですね。なかでも、朝、いちばん幸せを感じます。「先生、おはよ〜」って両手を広げながら走ってきて、ばっと飛びついてくる。ぎゅう〜って抱きしめてくる。子どもたちはほんとうに愛のかたまりです。私の目をしっかり見つめてくるまなざしに、「先生大好き」という気持ちが宿っている。毎日、ほんとうにうれしく幸せに思います。

幼稚園教師になるには

どんな学校に行けばいいの？
　幼稚園教諭養成課程を備えた大学・短期大学、専門学校などの養成機関で学位を得て免許状を受けてから、就職試験などに臨む。免許状は必要な単位を取得し、「専修」「一種」「二種」があるが、実際の保育現場での仕事内容に大きな違いはない。養成課程のない学校を卒業した場合でも、その学位を基礎資格として、残りの必要な単位を通信教育で得て、免許を取得する方法もある。

どんなところで働くの？
　国公立・私立の幼稚園が主な職場である。ただし、最近は、幼稚園に限らず、民間の運営で、英語や体育指導などさまざまな「幼児教室」も開設されているため、そういう教室が職場となることもある。

Chapter 4 幼稚園ではどんな人が働いているの？

働いている人に Interview! ⑧

幼稚園教師

子どもたちが、たがいのかかわりを
大切にしつつ、みずから育っていくように、
見守り寄り添っていく。

利根川彰博さん
と ね がわ あきひろ

プロレスラーになろうと
考えた高校生のころ、自
宅にやってきた幼い子ど
もとの出会いが、幼稚園
教師への道につながった。
日中勤務しつつ、大学院
に通い論文を執筆。さら
に研究も深めたい。

Interview!

▶ 幼稚園教師ってどんな仕事？

　一日の決められた時間内で幼児教育を担うことが基本だが、最近は、子育て支援の取り組みも求められるようになった。保護者の希望に応じ、夕方ごろまで園内で子どもを預かる「預かり保育」や、就園前の「2歳児」を短時間受け入れる取り組みを実施する園も多く、幅広く柔軟に保育する力が必要になってきている。

プロレスラーになろうと考えていた日々

　僕は、あまり学校が好きではなかったんです。特に中学2年生になったころから、いつもテストがあって、受けると順位が出てきて、その結果を前にしながら先生から「あなたの成績だと受けられる高校はここからここまで」っていきなり突きつけられて。将来のことをこれから考えたいというときに、そのように自分の道を決めつけられることにものすごく抵抗感がありました。両親は、高校は卒業しておこうといいながら、実は大学も出てほしいというようすだったので、苦手な学校というものにこれから7年間も通わないとならないのか、なんとかしないと……と考え、工業高校に進学しました。そして、高校に通いながら将来どうしようと考え続け、3年生のときに「プロレスラーになろう」と思ったんです。高校のレスリング部に所属していましたし。

　それで、地元でプロレス興業があったさいに楽屋に出かけていって、「弟子にしてください！」。そうしたら、「おまえ、体がちっこいからダメだ」「あと、10kg増やしてこいっ！」って言われて、あっさり却下でした。自分では小柄などとはまったく思わなかったんですけどね。

子どもたちとの出会い、恩師との出会い

　自分はプロレスラーにはなれそうもない。では、どうするか。そう考えたとき、この先、そもそも自分はまともに大人になれるのだろうかと

いう不安にかられ、この自分の生きづらさは、もしかしたら、幼いころからの育ちを考えたら何か見えてくるかなと思ったのです。

子どものころ、乳児の保育所がない地域に住んでいたためか、専業主婦をしている母が、仕事をもっているお母さんから「保育園に入るまでウチの子を預かってくれませんか」と、赤ちゃんを託されていました。その子が大きくなり小学校に通い始めたころに、親御さんの帰宅までの時間、またうちに来ていたんですが、その友だちたちもよく遊びにやってきました。子どもたちは、一対一で遊んでいるときはいいんですが、それぞれの主張がぶつかり合うと大変でした。それぞれの言い分を聞いて、うまく話をまとめるのは難しいなぁと思いましたね。その子どもたちとのかかわりから気付かされることもあって、高校卒業後、思い切って保育の学校に進んでみようと考えたんです。

そこで新村博信先生という体育指導の先生に出会いました。その先生は、たとえば、子どもたち自身が自分で考えるようになる授業のあり方や、また、「評価」の意味とは何か——先生と生徒の関係性の上で成立していて、その子の成長に役立てるための指標であるなど、多くのことを教えてくださいました。僕が疑問や考えを伝えると、一つひとつてい

「先生、ペンちょうだい」
「はい、どうぞ」

ねいに応えてくださったりもしたのですが、その新村先生が、「おまえはすごいよ」って言ってくださったんです。「僕が本格的に勉強を始めたのは30歳になってからだ。おまえはまだ18歳だ。今から勉強したらすばらしい実践者になれる」って。

この仕事の難しさは？

この仕事の難しさ。それは、子どもたちがたがいにかかわり合い、幼稚園教師もかかわる中で、おたがいの気持ちや考えをおたがいに見出していくという点でしょうか。「先生 教える人・子ども 教わる人」というような関係性が決まっていれば、考

幼稚園教師のある1日

7時10分	職場到着。
7時55分	職員ミーティング。
8時	園バスの運転。
8時50分	園バスが園に戻る。保育室で子どもたちの受け入れ。
10時30分	クラスごとに朝のあいさつの後、一斉活動。造形遊び、運動遊び、散歩など。
11時30分	給食・お弁当の準備。子どもたちとともにテーブル拭きや配膳。
12時15分	給食・お弁当の後片付け。
13時	片付けの時間。子どもたちとともにおもちゃなどを片付ける。
14時	降園の時間。園バスで、停留所ごとに子どもたちを送り届ける。
15時30分	職員休憩。
16時	学年会。保育日誌記入。保育記録のまとめ。教材準備など。
18時	帰宅（日によっては、夕刻に職員会議なども）。

「おー、何を描いているのかな？」

Chapter 4　幼稚園ではどんな人が働いているの？

えずにすむでしょう。でも、幼稚園は子どもが主体です。同時に、幼稚園教師も主体です。主体同士がどのようにかかわり合い、幼稚園での生活をつくっていくか。ただ、3、4歳の子どもたちはまだ言葉による表現が十分ではありませんから、表情やしぐさ、実際の行動からこちらが読み取って、「こういう気持ちなの？」と尋ねてみるような対話もあります。

　子ども同士のトラブルがあったとき、両方の言い分を聞きつつ、仲間の意見も聞いて、相手がイヤだと思うことをしないようにしようと確かめ合う。そして、折り合っていく力をつけていってほしいですし、クラス内で守る約束（規範）を意識できるようにしていきたい。でも、いつもスムーズに、たがいの確かめ合いが進むわけではありません。そのさいにどのように接していくか、幼稚園教師の専門性が問われます。

　行事や活動、制作展などでも、まず、子どもたち自身が「やりたいことはなんだろう」と考える。"こういう感じ"と言い出してはみるけれど、最終的なゴールはまったく見えない。そういうときは僕も不安です。どこまで僕がサポートすべきか、アイデアのヒントなら出してもいいだろうかと迷うこともあります。でも、やがては、みごとにできあがってい

発表会に向けて劇の
ストーリーづくり

く。自分たちがめざした形にたどりつき、子どもたちが充足感いっぱいになっているようすを見ると、僕も大きなやりがいを感じますね。

学びを重ね、社会に発信していきたい

実は、もっと勉強したいと思って働きながら保育者養成校に再び通い、2008年からは、大学院にも通って修士論文を書き上げました。そのさいに、保育現場で日常的に通じることでも、一歩外に出るとなかなか通じないということも経験しました。現場では大切だと思われる視点や取り組みなどがある。それなのに、学会や学問のレベルではまったく話題にもなっていないことがある。それらについて、いかに発信していけるか。そのためにはどのように表現していったらいいのか。子どもと遊んでいるだけだと見られるような幼児教育の真の意味合いをもっと広く伝えたい。そうすることで、幼稚園教師という仕事の重要性が社会的にもっと認められるようになったらいいなと願っています。

※「幼稚園教師になるには」はインタビュー7（→107ページ）を参照してください。

「先生～！」と甘える子どももいます

Chapter 4 幼稚園ではどんな人が働いているの？

働いている人に Interview! ⑨

主幹教諭

健やかな子ども集団を育むため、
何気ない大人同士の立ち話から、
職員集団を整えていく。

羽田二郎さん
（はた じろう）

障がい児保育・教育、学童保育、保育園保育者、幼稚園教師……。これまでの経験が、主幹教諭の仕事を園内に留まらせず、子ども集団を見守る大人たち、地域のつながりにまで心を砕く。

Interview!

主幹教諭ってどんな仕事？

公立・私立により主幹教諭の仕事内容は異なるが、おおむね、園内のクラス担任(現場担当保育者)のリーダーを担う。保育カリキュラムや保育日誌を確認し、必要に応じて助言などを行う。園内行事などの計画立案・実行の推進役や、職員会議などの進行・まとめ役なども担い、地域の幼保小連携の場にも出向く。

障がい児関係、学童保育を学び、保育者に

学生時代には、さまざまなサークル活動をしながら、障がい児の保育や教育、それから学童保育について学んでいました。卒業するときに、知人から、埼玉県の入間市に新しく保育園ができるからと誘われて、保育者になりました。当時は、教員免許があれば就職の段階で資格がなくても保育園で仕事ができたんです。入間市では、保育園に勤務する最初の男性保育者となりました。

年長クラスの担任になり、主任の先生にいろいろと教えていただきながら保育者のスタートです。園も立ち上げてスタートというころですから、なんでもやってみようと、雨の日の散歩に出かけたり、夏は着衣水泳を試みたり、お泊まり保育会を催したり、ワクワクしながらさまざまな取り組みをみんなで楽しみました。

当時の勤務園は、障がい児も健常児もともに育っていこうという「統合保育」に取り組んでいたのですが、もともと僕は障がい児の保育や教育を学んできたものですから、考えが合わない部分に気付き、その保育園をやめて別の幼稚園に勤めました。けれど、その園は、たくさんの子どもたちを受け入れていたため、幼稚園教師一人で子どもたちを40人近く保育し、園全体の園児数もとても多いという状況だったんです。これでいいのかなと思う気持ちも抱きつつ、自分自身、保育を学び直さなければと考え、あらためて夜間の保育者養成校に入学して、専攻科も含めて7年間通いました。

主幹教諭の仕事──子ども集団、職員集団を考える

　その後、勤務先で知り合った先生方が新しい幼稚園を立ち上げることになり、僕もかかわっていくことになりました。手探りで新園立ち上げに力を尽くしたのですが、経済的な余裕がなく、園庭整備のさいには、特殊車両運転の免許を取ってパワーショベルを動かしてみたり、自分たちが理想とする幼稚園を形にしたいと懸命でした。

　それまでの経験から、年長（5歳児）クラスは園児30人まで、年中（4歳児）は28人まで、年少（3歳児）は15人まで。下駄箱やロッカー、リュックかけなども、そもそも、その人数分しかつくりませんでした。経営的には、園としては園児の人数が多いほうがいいため、あえて、制限を課したことになります。子どもたち一人ひとりを見守り育んでいくためには、クラスごとの園児数は抑えていきたかったんです。

　幼稚園で大事なのは、子ども集団のあり方だと思います。ですから、子どもたちを詰め込まず、担任が十分にかかわれる子ども集団となれるように考えたい。どうしたら子ども同士がかかわり合いながら育っていく仲間関係がつくれるか。そのためには、職員集団が大切です。職員同

「からかさおばけをつくってみようか？」

士がなんでも話し合える環境をどのようにつくっていくか、この幼稚園で仕事をして21年になりますが、そのことはずっと考え続けています。

　職員会議などでの公式発言ではなく、保育中にふと「先生、大変？厳しい顔、しているよ〜」なんて笑いながら言い合えるような関係でありたい。そのために今、めざしているのは、子どもとかかわり合いながら、職員同士が立ち話できるという環境のあり方でしょうか。何気なく感じたことを口にする、「(困っていることがあるのだけれど)どうしよう」と言い出せる。その仲介役のように僕がかかわることで、職員同士が気持ちのいいコミュニケーション

主幹教諭のある1日

7時10分	職場到着。
7時55分	職員ミーティング。その後、園バスの運転へ。
8時50分	園バスが園に戻る。保育室で子どもたちの受け入れ。
10時30分	朝のあいさつの後、一斉活動。造形遊び、運動遊び、散歩など。
11時30分	給食・お弁当の準備。子どもたちとともにテーブル拭きや配膳。
12時15分	給食・お弁当の後片付け。
13時	片付けの時間。子どもたちとともにおもちゃなどを片付ける。
14時	降園の時間。園バスで、停留所ごとに子どもたちを送り届ける。
15時30分	職員休憩。
16時	学年会など。保育日誌記入。保育記録のまとめ。自分のクラスの保育記録をまとめるほか、園全体各クラスの保育記録などに目を通す。翌日の教材準備など。
18時	帰宅(日により職員会議なども)。

「ここをこうやって切るといいんだよ」

がとれるようにしたい。

　園長は、そこまで踏み込めません。なぜかというと、園全体の責任者として、最終判断をしなければなりませんから。主幹教諭は、その前段階として、職員同士がワイワイと言い合える場にいながら耳を傾ける。そして、ほんとうに必要がある場合には、園長とのつなぎ役になれる。それが、この園での主幹教諭の役割かと考えているんですよ。

保護者とのかかわり、そして幼稚園の役割について

　これまで仕事をしてきて、子どもとのかかわりでやめたいと思ったことは一度もありません。ただ、保護者の方々との対応では、悩んだことは何度もありましたね。たとえば、自分の子どもにお稽古ごとや塾通いを懸命にさせる親御さん。僕自身は、子ども時代には習いごとよりもっと大切なことがあると考えているからか、こちらの否定的な感じが伝わってしまうようです。それと、食べ物の好き嫌い。今の子どもたちは、物が豊富な時代に育っています。親御さん自身、以前ほど子どもの好き嫌いに関心はもちませんし、小学校の給食でも「別に嫌いなものは食べ

学年会議のようす

なくてもいい」傾向にあります。でも、苦手な食べ物でも、えいやっと食べてしまえるような子どもであってほしいという気持ちがある。自分でなんとかしようとする子どもに育ってほしいんです。

　そして、広くいえば、幼稚園の役割は、地域の中心、地域の拠点でありたいと考えています。僕自身、一歩園の外に出て、商店街を歩くと卒園生に声をかけられる。卒園生たちは、折々園に顔を出し、時には仲間同士で園に泊まって語り合う。親同士もつながり合う。近隣の保育園や小学校とも、つながり合って、たがいに感じたこと、思うこと、伝えたいことを気楽に口に出していく。

　これから、地域が住みやすい場になっていくためには、やはり、そこで生きていく人たちがつながり合っていくことが、いちばんだと思うんですよ。そのつながりをどのようにつくっていくか、というところを意識して考えていきたい。そういう意味で言えば、もう、幼稚園の先生は、幼稚園の中だけに留まってはいられないかもしれませんね。園内の子どもたちとふれあいつつ、どんどん地域に出て行って、さまざまな施設ともかかわり合っていく。人の暮らしの大切な場所、かかわり合う中心の場として、幼稚園が位置づいていきたいと願わずにはいられません。

主幹教諭になるには

どんな学校に行けばいいの？

　基本的には、幼稚園でクラス担任を受けもった後、主幹教諭となる。幼稚園を含む学校教育機関での「主幹教諭」は、教育課程、学習指導その他学校教育に関してリーダー的な役割を担う。幼稚園現場においては、公立・私立では、立場や仕事の内容は異なるのが実態。

どんなところで働くの？

　所属する幼稚園が職場となるが、公立の幼稚園などの場合は、そもそも主幹教諭をおく園はあまり多くない。

ほかにもこんな仕事があるよ！

体操や英語などの講師

どんな仕事？
　週1回、月1回など、定期的に幼稚園を訪れて、園児に幼児体育や英語を教える。その他、園内で「ピアノ教室」や「造形教室」などを開いている場合は、そのジャンルの専門家が講師として招かれ、子どもたちを指導する。

この仕事に就くためには？
　多くの場合、必ずしも教員免許を必要としないが、幼児体育の場合は子どもの心身の発達への理解が不可欠であるし、英語講師、ピアノ教師、美術教師など、その道の専門家としての知識と技術は当然必要とされる。加えて、子どもたちの興味や関心をうまく引き出し、楽しく取り組みを続けていくように働きかける力量も求められる。

非常勤職員

どんな仕事？
　幼稚園の正規職員の人手が足りない部分を担う。保育、事務、用務など、園内のあらゆる仕事について非常勤の雇用条件で勤務する。最近は、基本的なお迎え時刻の後でも園内で子どもを預かる「預かり保育」に取り組む幼稚園が増えてきている。そのため、担任が翌日の教材準備などをしているあいだ、その「預かり保育」の時間帯を非常勤職員が担う傾向も見られるようだ。

この仕事に就くためには？
　公立幼稚園の場合には行政の人材募集に、私立幼稚園の場合はその園ごとの募集に、それぞれ応募して採用されれば就くことができる。なお、私立園の場合は、正規職員募集がない場合に、まず、非常勤職員として勤務し、正規職員募集の時期を待つ人もいる。

Chapter 5

幼稚園を支えるためにどんな人が働いているの?

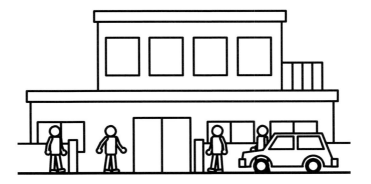

Chapter 5　幼稚園を支えるためにどんな人が働いているの？

幼稚園を支える仕事を

夏休みなどの長期休園期間があり、
小学校などと同じように
「学期」がある幼稚園。
一年はどのように
流れているのだろうか。
また、園を支える人たちは……？

今井くん「幼稚園は、春休みや夏休みがありますよね」
園長「小学校や中学校と同じように、まとまったお休み期間があります。定められている教育週数（39週以上）を、1学期、2学期、3学期に分けて指導計画を立てているんですよ」
中川さん「学校みたいですね……」
園長「そう、意外に思われるかもしれないけれど、幼稚園は学校なんですよ。就学前の子どもたちにふさわしい幼児教育を施す場として幼稚園があるんです。ただし、小学校での学習活動とは違って、子どもたちは整えられた環境で楽しく遊んだり活動したりしながら、そのなかから学んでいくように先生たちが働きかけていく施設なんです。その一年間を見てみましょうか」

1学期の始まりは、入園式と進級式から

園長「4月に入園式があります。満3歳(もしくは満4歳)の子どもたちが、とても緊張した面持ちでお父さんやお母さんといっしょにやってきます。この日が幼稚園の一年間の始まりですね。もちろん、転居してきて入園を希望したり、年中・年長クラスからの入園希望のお子さんは、この日が同じように入園式となります」

今井くん「先生たちは入園式の前日まで、お休みなんですか?」

園長「違いますよ〜。**新入園の子どもたちを受け入れるためにはいろいろな仕事があります**。入園希望の子どもたちの名前と住所を確認して、クラス分けをして、年少クラスの保育室では、ロッカーなどに新入園の子どもたち一人ひとりの名前を記すなど、受け入れのための作業はたくさんあります。前年秋ごろの園児募集の時期には、見学者を受け入れたり、入園希望のお子さんの親子面接をしたり……」

中川さん「子どもたちや保護者の見えないところで、いろいろな仕事をしているんですね」

園長「新入園の年少さんたちのなかには、まだ、おむつがとれていないお子さんがいることもありますし、ずっと家庭でお母さんのもとで育っ

123

Chapter 5　幼稚園を支えるためにどんな人が働いているの？

4月　◆ 入園式
　　　◆ 健康診断・視聴覚検査

5月　◆ 母の日
　　　◆ 親子遠足

3月　◆ 卒園式

2月　◆ 節分
　　　◆ 小学校訪問

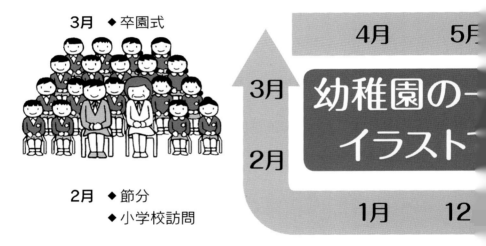

幼稚園の
イラスト

4月　5月

3月

2月

1月　12

1月　◆ 餅つき大会

12月　◆ クリスマス会

6月　◆ 父の日
　　　◆ 保育参観
　　　◆ プール開き

7月　◆ 七夕祭り
　　　◆ 夏祭り
　　　◆ 夏休み

8月　◆ 夏休み

9月　◆ 秋の遠足

11月　◆ バザー

10月　◆ 運動会

てきていますから、入園したてのころは、毎日の登園のさいにお母さんから離れがたくて、ちょっと大変です。担任の**幼稚園教師は、子どものようすを保護者と話し合いながら、園生活に慣れていくようにかかわっていきます**。そうした時期を経て、5月のゴールデンウィーク明けに、ようやく園生活になじんで、お友だちとの生活を楽しめるようになってくるんですよ」

盛りだくさんの園の行事

中川さん「園の行事にはどのようなものがあるんですか？」
園長「季節の取り組みも含めると、5月の終わりに遠足で動物園に行きます。それから、5月の『母の日』、6月の『父の日』には、お母さんやお父さんの似顔絵を描いてプレゼントしたりしますね」
中川さん「保育参観もあるんですか？」
園長「6月下旬に、保護者をいっせいにお招きして保育参観を行います。子どもたちは、緊張しながらも、お父さんお母さんに見守られてとてもうれしそうですよ。それから、7月7日に七夕、7月中旬に夏祭りを開いて、**7月下旬から8月末日まで夏休み**です」

保護者と協力しながら子どもをサポート

教材研究は日々怠らずに

　保育室内にはさまざまなものがある。おもちゃ、絵本、紙芝居、工作の材料、クレヨン、色鉛筆、ハサミ、画用紙……。どれも子どもたちが日々、楽しい園生活を送れるように備えられているものである。それらは、その年齢、その時期にふさわしいものが置かれていてこそ、子どもたちの意欲をそそったり、興味や関心をひいたりする。どのような積み木が何歳ごろにふさわしいかといった検討を怠ってはならないし、絵本や紙芝居などは、子どもたちの前で楽しく読み聞かせたり演じたりするためには、十分な練習が必要だ。ハサミにしても、どの年齢で使い始めるか……など、子どもたちの動作や手の発達を知っていてこそ、安全に取り組める。教材研究は、日々、子どもたちのようすを見つめながら、重ねていくのだ。

今井くん「夏休みのあいだは、幼稚園は全部お休みなんですか？」
園長「いいえ、暑い時期のプール遊びは大切にしたいですから、くすのき幼稚園では何回か『プールで遊ぼう』という日を設けています。子どもたちは楽しんでいますよ。それから、８月の上旬に、園内に年長の子どもたちが泊まる『お泊まり会』をするんです。そのときには、お父さんやお母さんにも手伝っていただいて、夕食をいっしょにつくって食べ、

子どもたちは保育室にお泊まり、お父さんやお母さんたちは、ホールに集まって園長や幼稚園教師と日頃の子どもたちのようすを話し合う場をもっています」

中川さん「子どもたちははじめてのお泊まりで、ドキドキだと思いますけど、お友だちといっしょのお泊まり会は、とっても楽しいでしょうね！」

夏休みが明けて、長い2学期は？

園長「**夏休みが終わると2学期です**。9月から12月までの長期間で、"プールからストーブまで"といわれるほど、季節がぐんぐん変わっていきますし、子どもたちも、夏休み後、一気に成長していく時期です。**秋の遠足、運動会、バザー、クリスマス会……と、毎月、何かの行事があります**。日々の自由遊びを楽しみつつ、子どもたちは、季節を感じながら、また、文化的な味わいのある行事に取り組みながら、ひと回りもふた回りも大きくなっていくんですよ」

今井くん「そして、冬休み。**お正月が明けると3学期ですね**」

園長「3学期になると、年長クラスの子どもたちは小学校入学へ向けて

気持ちの準備をしながら、実際に小学校を訪問したりもします。そして、卒園式。年少・年中の子どもたちは、お兄ちゃん、お姉ちゃんたちを精一杯（いっぱい）の気持ちを込（こ）めて送り出し、同時に、**進級に向けての意欲を盛（も）り上げていくんです**」

障がいのある子どもたちもともに

今井くん「僕（ぼく）は、自分が保育園に通っていたとき、クラスに障がいのある友だちがいたんですが……」

園長「この幼稚園でも、障がい児のお子さんを受け入れています。たくさんの子どもたちの中で育つことは、そのお子さんの成長にとって意味のあることですし、子どもたちにとっても、障がいもひとつの個性として、ともに育っていく気持ちをもってもらいたいと思っています」

中川さん「でも、この園では一クラス30人の子どもたちがいるわけですから、担任の先生は大変ですよね……」

園長「くすのき幼稚園は、近くの療育（りょういく）センターの先生と連携（れんけい）をとっているんです。これまでは、受け入れた子どもの障がいのようすによっては、特別支援学校の先生と相談しながら日々の保育を考えたりもしてきまし

た。必要があれば、そのお子さんを特に見守る職員を配置することもあります。さらに、今後はもっと積極的に、園外保育の取り組みとして、特別支援学校の訪問を入れることを計画しているんですよ」

今井くん「なるほど！　子どもたちが小さなころから、障がいのある友だちともいっしょに育つという気持ちをもつことって、大切ですよね」

園を支える事務職員の仕事

中川さん「子どもたちが帰った後の園内は静かですね」

園長「先生たちは、子どもたちが帰った後、保育室などの掃除をして、学年会などの職員会議をもって、その後、**翌日以降の教材の準備をします**。先程、先生たちがお茶を飲んで休憩時間を過ごしていましたが、あの後、**教材研究の時間があるんですよ**。日常的な自由遊びの時間に使うおもちゃや工作の材料は、ふさわしいものが用意できているか、十分にあるか、日中の子どもたちの遊ぶようすをふり返りながら確かめていきます。また、発表会や造形展などを控えている場合は、特に材料などに不足がないように点検し、足りないものは事務室のストックから補充しておくか、事務職員に頼んで買ってきてもらいます」

> **コラム　2歳児から、通い始める幼稚園**
>
> 　幼稚園は満3歳（あるいは4歳）から小学校就学前までの子どもたちが通う幼児教育施設だが、近年、子育て支援を目的に、2歳児も受け入れられるようになってきた。各地で、2歳の子どもたちが週に何日か通う「2歳児クラブ」や、その年度内に満3歳になった子どもたちが通える「満3歳児受け入れ」を実施している園もある。最近の保育者養成課程では、多くが「保育士」と「幼稚園教諭」両方の資格・免許が得られるように学ぶが、幼稚園教諭の免許のみ取得して現場に出た場合に、3歳児よりはるかに話が通じない2歳児にとまどう幼稚園教師の声も聞こえる。保育園と幼稚園が統合傾向にある最近は、保育現場で働く人は、就学前の子どもたち全般、つまり、0歳から小学校就学前までの長い期間、いつであっても保育できる力が求められるようになるだろう。

今井くん「**幼稚園にも事務専門の人がいる**んですか？」

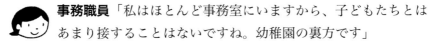
　　　事務職員「私はほとんど事務室にいますから、子どもたちとはあまり接することはないですね。幼稚園の裏方です」

中川さん「どのようなお仕事が大変ですか？」

事務職員「いちばん大変なのは、新入園児を迎えるときの準備ですね。先生たちといっしょに名前や住所を確認して、入園までに用意してもら

うものをお知らせします。それから、父母会費などの集金も私が担っています。

また、発表会などの行事を控えているときは、画用紙やテープなど、たくさんの材料が必要になるので、先生から注文を受けて、予算を確かめながら購入していきます。そのほか、子どもたちがケガをしたり、熱が出たときのために、ばんそうこうや熱さまし用のシートなども買いに行ったりします」

体育やピアノの先生たちもかかわって

中川さん「あっ！　園庭の垣根の手入れをしている用務の先生は、私が園児のころからいらっしゃいました。こんにちは！」

用務職員「あ、ミワちゃんだね。大きくなったなぁ。僕は、ミワちゃんたちが通っているころからこの園の用務の仕事をしていたんだよ。植木の手入れをしたり、園舎の壊れそうなところを直したり、夏が近づくとプールを組み立てたり……。**先生と子どもたちが楽しい園生活を送れるような仕事をしている**んだ」

中川さん「通っていたときは、気付かなかったなぁ。あのころは本当に

お世話になりました！　これからも子どもたちのために、よろしくお願いします」

園長「事務の先生も、用務の先生も、直接子どもたちのクラス担任をしなくても、幼稚園にはなくてはならない存在なんですよ」

今井くん「担任の先生のほかに、どういう先生がいるんですか」

園長「時間外保育の教室の先生がいます。体育指導員、ピアノの先生、そして、造形の先生、英語の先生。それぞれ、園内で学べる課外保育教室として開いていて、子どもたちは午後、好きな教室でおけいこしたり学んだりします。その場合は、保護者のお迎えはその教室の終了時刻に合わせてもらうことになります」

体育指導員「こんにちは。今日は体育遊びの日なんですよ。近頃の子どもたちは、転んでも手で支えることができず、いきなり頭を打ってしまう、左右のバランスがうまくとれない、すぐに疲れてしまうなど、気になる点があります。私は毎週1回、園にやってきて、子どもたちといっしょに体を動かします。そして、そのようすを見ながら、先生たちと体の発達で気になる点に、どういう運動遊びが必要なのか、じっくり相談を重ねるんです」

非常勤の先生たち

時間外保育の先生

体育指導員

ピアノの先生

造形の先生　などなど

研修会、そして、研究活動も

中川さん「幼稚園の先生は、心身の発達専門の先生と話し合いながら保育を進めているんですね。そういえば、年少クラスの先生がこの夏休みに、研修合宿に行くと言っていました」

園長「保育園や幼稚園の先生たちが集まって、講師の先生のお話を聴いたり、また、テーマごとに分かれて話し合ったりする合宿です。毎年開かれていて、くすのき幼稚園では、職員が交代で出かけています」

今井くん「仕事を始めてからも、そういう研修会に出席するんですね」

園長「いえ、**仕事を始めたからこそ、学ぶことが必要なんです**。子どもにかかわる制度の仕組みが変わったり、子どもの発達についての考え方も変わっていったり、私たち保育者にとって、常に新しい知識を学んだり、かつて学んだことをふり返ったりする機会はとても大切です。また、保護者や職員同士がどうやって気持ちよくかかわっていくか、社会に生きる人間として学んでいきたいと思っているんです」

今井くん「学びながら続けていく仕事なんですね」

園長「そうです。それに、**研究活動も行います**。自分一人で、あるいは、園内のグループで『4歳児の友だちづくりの過程の特徴』などといった

> **コラム** 体育指導員、造形指導員など、外部講師も大活躍
>
> 　近年は特に、子どもたちのやる気や、取り組んでみたい気持ちを受けて、外部の講師を招く幼稚園が増えてきた。体育、造形、ピアノ（音楽）、英語などが主なジャンルになるが、子どもたちにとっては、日頃の保育とはまったく異なる取り組みに、気持ちを集中させて向かうことができる。また、特に体育や芸術系などはむしろ専門家に頼んだほうが、子どもたちの才能が開花することも考えられる。
> 　幼稚園教師にとっても、子どもたちの日々の保育全部を自分一人で担うのではなく、専門的な科目については、ふさわしい専門家の手に委ねたほうがいいと考えられるだろう。加えて、園内にいろいろなジャンルの先生たちが訪れることは、園内を活性化させることにもつながる。一概に早期教育とは考えず、子どもたちの可能性を広げていく取り組みともいえる。

テーマを決めて、一定期間、保育をしながら子どもたちを観察して、研修会などの機会に発表します。発表することによって、幼稚園教師として成長することができます」
今井くん「すごい！　研究発表もするんですね」
園長「地域の人や職場の仲間、保護者と、子どもたちを見守り育て、自分も成長していく。幼稚園教師はほんとうにすばらしい仕事ですよ」

Chapter 5　幼稚園を支えるためにどんな人が働いているの？

働いている人に Interview! ⑩

園長

職員集団が働きやすく、
子どもたちが伸び伸び育つように
常に園の雰囲気づくりを心がける。

まつながてるよし
松永輝義さん

園バス運転手の仕事をきっかけに幼稚園教師の道へ。子どもたちが、みずから育つ力を発揮できるような環境づくりを何より大事にする。また、園の職員とともに、常に学び続ける日々を送る。

Interview!

> ### ▶ 園長ってどんな仕事？ ◀
>
> 職員が存分に働けるように、経営的な面も含めて、園全体の運営に気を配る。あらゆる意味で、園の代表者。大きな決定権をもち、役所などの対外的な交渉も担いながら、職員とともに保護者対応などにもあたる。一方、子どもたちにとって「園長先生」は特別な存在でもあり、時にあこがれや尊敬のまなざしを集める。

思いがけなくめぐり合った幼稚園教師の道

　僕は、中学校卒業後、働きながら夜間の高校に通いました。そして、高校を卒業したときに、幼稚園を開園するから手伝いにこないかと知人に誘われて、運転手兼事務員として勤め始めたんです。仕事は園バスを運転したり、事務仕事をすることだったのですが、園内で仕事をしていますから自然と保育のようすが目に入りますよね。

　そのうちに、「これでいいのかな」と感じ始めました。子どもたちは、朝から帰るときまで決まったことをつぎつぎとこなしていく。いつも先生が命令し、子どもを並ばせ、工作をさせ、歌わせ、お遊戯をさせ、そして、片付けさせる。担任一人で保育する一クラスの子どもは40人。折り紙は、先生が子どもたちの前で折って見せるだけで「さあ、折りなさい」と言っても、子どもはできるわけがない。できないから泣く。泣いても先生は来てくれない。だって、一人ひとりにかまっていられませんから。折り紙が涙でぐちゃぐちゃになって、ますます折れなくなる。でも、最後は先生がきれいに仕上げて、作品帳に貼って、年度末の３月に１年間の作品集ができあがると、それなりに親御さんたちは喜ぶんです。たとえ子どもが自分でつくりたくてつくった作品じゃなくても、ね。これでほんとうに主体的な子どもに育つのだろうか。その子らしい人に育っていくのだろうかと疑問に思うようになったんです。

　だったら、その疑問を解決するしかない。そのためには、自分が幼稚園教師になるしかない。けれど当時、男性を入れてくれる保育者養成校

がなくてずいぶん探しました。探しながら、童話の講演をする師匠に弟子入りして、読み聞かせの技術や腹話術などを学びつつ、夜は工場で働き、昼間は幼稚園で働くという生活をしていました。そして、1970年、白梅学園短期大学の2部（夜間）が開講し、男性も保育本科に受け入れるということだったので、第1期生として入学したんです。26歳のときでした。保育本科3年、専攻科2年、計5年間、通い続けました。

小さいころから、子ども好き

「幼稚園教師になる」と告げたとき、僕の母は、「テル（輝義）はいつも小さい子を連れて歩いているような子だったねぇ」と言いました。ガキ大将というほどでもなかったのですが、子どもが好きだったんですね。

　白梅学園に通いながら、勤務先の幼稚園では、ずっとクラス担任も担っていました。でも、やはり担任一人で大勢の子どもをみなければならない。これでいいのかという思いが募り、悩みを打ち明けた人から「自分で園を立ち上げたらいい」と背中を押され、思い切って現在の幼稚園（あんず幼稚園）を立ち上げることにしたんです。

園児の輪の中にもどんどん入ります

Interview!

一面茶畑だった土地に、園舎を建てて、園庭は自分たちで重機を動かして造成しました。初年度の入園希望者受付には、多くの方がおいでくださって、ほんとうにうれしかったですね。

大事な仕事は"場づくり"

数ある園長の仕事のなかで、僕は、園内の雰囲気づくりがいちばん大切だと考えています。職員みんなが今日の仕事を楽しみに感じつつ職場にやってきて、気持ちよくみんなで働くことができて、今日もよい一日だったと思えるような職場にしたいんです。保育現場の担任の先生一人ひ

園長のある1日

7時50分	出勤。
7時55分	全職員打ち合わせ。各クラスのその日の流れや動きを確認。
8時	郵便物の整理、事務仕事、帳簿つけなど。また、園だよりの原稿執筆や、卒園児の会の連絡事項確認なども。日によっては、園の父母会に出席、父母会役員会同席など。
12時	昼食(持参の弁当、あるいは、園の給食)。
14時	子どもたちの降園の見送り。全員を見送った後、事務仕事など。
15時30分	園内全職員のお茶の時間に同席。
16時	月2回土曜日開催の「2歳児クラス」のおやつや教材の購入。
17時	帰宅。

※ほかの職員が帰宅しやすいように、なるべく早く帰宅するようにしている。ただ、その後、園の外で地域の園長会出席や、役所での会議などに出席することもしばしばある。

体を使った遊びをサポート

とりが力を発揮できる場をつくっていく、それが僕の仕事だと思う。

　日常的に、なるべくしばしば声をかけるようにしています。それから、毎日15時半から30分ほど、職員同士のお茶の時間も大切にしています。先生方は朝早くから掃除や園バスの運転に続いて、一日の保育を担っていますから、午後のひととき、ちょっとホッとしてもらう時間を設けています。職員同士が、仕事としての会議とは別に、寛いで、たがいにホッとする時間をもちたい。そのようにして、園内にやわらかい雰囲気をつくっていくのが、園長の大切な役割だと思えるんです。

卒園式のときに必ずすること。そして、卒園後……

　それから、ここぞ！　というような園長の出番でしたら、やはり、入園式と卒園式でしょうか。入園式のときには、保護者の方々に向けて語りかけることにしています。「これからは、お子さんの育ちについて、責任を半分ずつ担いながら、ごいっしょにかかわっていきましょう。幼稚園は、かけがえのないお子さん一人ひとりの成長をていねいに見守っていきますから、これから3年間、遠慮なく思うところを伝え合ってい

担任教師と保育について打ち合わせ

きましょう」と話します。

　卒園式のときには、いつも新美南吉の童話『手袋を買いに』を朗読します。園を巣立っていく子どもたちにとって、"人の心"というものを感じる、とてもいい物語ですから。

　送り出した子どもたちは、折々園を訪ねてきてくれます。同期が集まり、園でお泊まり会を開いたりもしています。中学生になり、高校生になり、大学生になる、社会に出る。そうして、その子らしい活躍をしているようすを聞くと、うれしい気持ちで胸がいっぱいになります。この園を卒園した１期生の子どもたちは、もう家庭をもって子どもを授かるような年齢になっていますが、ずっと園とのかかわりは途切れません。節分の豆まきのときには"鬼"役になってくれることもあり、頼もしいものです。

　これから園長として、したいこと。それは、小学校をつくることなんです。３年間、あんず幼稚園の保育・教育方針ですくすく育った子どもたちが、そのすなおさのまま存分に学んでいけるような小学校をつくりたい。でっかい夢でしょう？　でも、いつかきっと実現させたいんです。

園長になるには

どんな学校に行けばいいの？
　幼稚園教諭一種免許が必要。ただ、小・中学校などの教諭一種免許をもち、５年以上の幼稚園勤務経験を経て、都道府県の幼稚園管理部局が「園長就任」を受理した場合には、園長になれる。幼稚園教諭一種免許所持者が少なかった時代には、「５年以上の勤務経験」で園長になれたこともあったという。

どんなところで働くの？
　公立の場合は、幼稚園教諭の資格を得た後、都道府県の採用試験に合格し、採用されてから、各園での勤務経験を重ね、管理職試験などを受けて園長となる。私立の法人立幼稚園や個人立幼稚園では、職員から昇格して園長になるケースもあるが、同族経営園の場合は、園長の親族が継いで担うことが少なくない。

Chapter 5　幼稚園を支えるためにどんな人が働いているの？

働いている人に Interview! 11

事務職員

経理を担い、教材準備にも気を配る。
日々の仕事は地味だけれど、
園運営を支えていく、園長の"右腕(うで)"。

武藤(むとう)やよいさん

子どもの保護者として、現在の勤務園と出合う。大好きな幼稚園のために役に立てること、子どもたちが喜ぶこと、自分にできることはなんでも担っていきたい気持ちでいっぱい。

Interview!

> ### 事務職員ってどんな仕事？
>
> 経理の帳簿つけや、園児の名簿づくりなどのいわゆる事務仕事が中心だが、電話の受け応えや、来客の応対、そのほか、幼稚園教師が必要とする教材の下準備をすることもある。園内で配布する園だよりの作成・印刷、行事開催のための準備なども含め、園によっては保育以外のあらゆる種類の仕事を担う。

「役に立ちたい！」、その一心で

　今はフルタイムで事務室に勤務していますが、園との出合いは、一人の保護者として……、でした。この園が開園したとき、いちばん下の子どもが1期生として入園したんです。当時、先生方はとても忙しそうでお疲れのように見えたものですから、「私にも何か手伝えることはありますか」とお声をかけてみました。先生方の保育についての考え方も、この園の環境も大好きでしたから。そうしたら、「園バスの添乗員がいない」ということだったので、そのお手伝いを始めました。

　けれど、自宅は遠かったので、朝、子どものお迎えのバスに添乗し、午後の降園時にまたバスに乗るまでのあいだ、昼間、園にいることになりました。ですから、その時間も、雑用などなんでもしますとお伝えして、ちょっとしたお手伝いをしていました。

　その後、子どもは卒園し小学校に通い始めたものの、私は園にかかわり続けて3年目のころに事務職員の方がおやめになって、私にお声がかかりました。以来ずっとこの事務室で仕事をしています。開園当時からですから、もう、21年目になりますね。

お茶をいれたり、ゴミの片付けをしたり……

　仕事のもち場としてはこの「事務室」になりますが、仕事内容は事務仕事だけではなく、園内の細かい仕事をいろいろこなしています。たと

えば、朝は、感染症などを予防するための「消毒液」をつくるところから始まるんです。それから、前の日に干しておいた洗濯物をとり込んで、子どもたちや先生方が飲む麦茶をいれます。今は、園バス添乗はしていないのですが、全5台のバスが園に戻ってくると、子どもたちの出席・欠席を確認したり、万が一、乗るはずの園児がバス停にいなかった場合には、おうちに電話してようすを聞いたりします。

　それから、園にはさまざまな問い合わせの電話がかかりますから、その応対をしたり、また、お客さまがいらっしゃる場合にはお迎えすることも仕事のうちですね。その合間に、事務仕事をします。新入園関係では、名簿を新たにつくって子どもたち一人ひとりの名前や住所などを確認し、教材関係についてのお知らせを出したり、就園奨励費などの手続きもします。こういった仕事は、絶対に間違えてはいけないのでとても神経を使いますね。経理関係ですと、給食費や教材費、遠足などの行事関係費、それから行事の写真代のまとめなど。また、園だよりの発行を担ったり、週に2回の給食のさいには配膳の手伝いもします。そして、先生方が保育室内外のお掃除をなさった後は、そのゴミ集めもします。

　一年を通してみますと、園行事のたびにその準備をします。たとえば、

事務仕事はおてのもの

Interview!

園祭りのさいに、園内のお店屋さんで使える「あんず紙幣」という"園内通貨（紙幣）"を子どもたちに配るのですが、その印刷も仕事のひとつ。また、運動会に備えて鉢巻きをつくったり、ぞうきんを縫うなどの針仕事もします。それから、卒園した子どもたちに向けての催しの案内なども担います。「小学3年生」のとき、「小学6年生」のとき、それから、「二十歳」になったとき、それぞれ同期が園に集まる会を催すのですが、そのご案内ですね。二十歳の集いは、毎年順繰りに前年の元園児たちが後輩たちに向けて宛名書きなどをしますが、その下準備は事務職員の仕事です。

事務職員のある1日

7時30分	出勤。消毒液をつくり、洗濯物をとり込む。子どもたちや職員が飲むお茶をいれるなど。電話対応などの合間に事務仕事を進める。
9時	園バスが園に戻る。子どもたちの出欠席確認。経理関係のデータを打ち込む。園だよりを発行する準備。園の菜園で採れた野菜（小松菜など）をおひたしにして、子どもたちの給食に添える用意も。
11時30分	給食のある日は配膳の手伝い。給食が終わるころ、片付けの手伝い。子どもたちが収穫した園庭の「杏（あんず）」の実を煮てジャムにする。近いうちに、パンに塗って子どもたちが食べられるように。
14時30分	園舎内の掃除。ゴミ集めおよび分別作業。来客を迎え、園長を呼ぶ。
15時30分	職員の休憩・歓談のひとときのためにお茶をいれるなど。
16時30分	帰宅。

園長と打ち合わせ

心がけていること。うれしかったこと

　園内のあらゆる雑用をこの事務室で担っていますから、一般的な事務だけではなく、用務関係の仕事もしていることになりますね。そういった仕事内容は、園の方針や規模によっても違うと思います。この園では、保育中に子どもの帽子のあごひもが切れてしまったというような場合にも、事務室に声がかかり、すぐに裁縫箱を出して直したりします。このような作業はおうちでしていただくことかなと思うこともあるのですが、すぐに直してあげると子どもはほっとするでしょうし、クラス担任の先生は保育中にそのような時間はとれないでしょう。それよりも、先生方には保育に向けてお気持ちを集中していただきたいと願っています。そのために私にできることでしたら、何でもお引き受けしたいと思っているんですよ。

　これまででいちばんうれしかったこと。それは、園バスの添乗をしていたころ、卒園式直前の降園時、「今日が園バス最後の日」というときに、バス停でお子さんを待っていた保護者の方が、「３年間ありがとうございました」と、一輪の花をくださったんです。また、忘れられないのは、

子どもたちの笑顔のため、縁の下の力持ちで働きます

Interview!

　やはりバスに乗っていたとき、夏場の猛暑のさなか、エアコンがない中でものすごい汗をかきつつ子どもたちをつぎつぎに送っていたところ、バス停で、冷たいジュースを差し出してくれた保護者の方がいらっしゃいました。もう、暑さも疲れも吹き飛ぶ思いでしたね。

　今は事務室にいて保護者の方と電話などでやりとりすることが多くなりましたが、朝の園バスにうまく乗れなかったりしたときには、すぐさま園長に連絡をとって動いてもらうなど、状況判断して機転を利かせます。後でその保護者の方が事務室に立ち寄ってお礼を言ってくださったりすると、この仕事をしていてよかったと、ほんとうにうれしく思います。

　将来どのような仕事をしようかと考えている人たちには、職業体験などの機会を大切にしつつ、働いている人たちの姿をたくさん見ていただきたいですね。

　身近なことでいえば、自分の親が炊事や洗濯をしてくれるのは、決して"あたりまえ"ではありません。誰かがそのように日々懸命に自分の仕事に向き合い誠実に働いているから、世の中が回っているんです。そのことをじっくりと考えてもらいたいなとも思うんですよね。

事務職員になるには

どんな学校に行けばいいの？

　私立幼稚園の事務職員になるには、園職員採用試験などのほか、縁故採用のケースもある。公立幼稚園の場合には、公務員試験などを経て行政職員となり園に配属されることが多い。パソコンの操作技術は会得しておきたい。また、会計監査などを外部に依頼するさいには、事務職員が日々の帳簿つけを担うことになる。

どんなところで働くの？

　保育園の場合と同様、幼稚園内の事務室が主な職場となる。ただし、小学校併設の公立の幼稚園などの場合は、その小学校内で、幼稚園・小学校両方の事務作業をこなすこともある。

ほかにもこんな仕事があるよ！

副園長

どんな仕事？
　園長の補佐を担う。園長が対外的な仕事を担う場合は、副園長は園内の仕事を、また、その逆もあるなど、園長とともに、幼稚園が日々順調に運営されていくように目配りを利かせていく。具体的には、子どもたちの育ちを見守りながら、各クラスの担任の幼児教育活動を支え、年間保育計画立案のさいには各学年リーダーの先導となる。また、園行事のさいには全体の進行管理を、さらに、日頃の保育教材などの準備なども担う。

この仕事に就くためには？
　公立幼稚園の場合には、現場で幼稚園教師のキャリアを重ねた後、副園長に任命されることが多い。私立幼稚園の場合には、理事長や園長の親族が担うこともある。

用務職員

どんな仕事？
　幼稚園の園庭や園庭遊具の整備、樹木や花壇の植栽の生育を見守り手をかける。園舎の内外の清掃なども受けもつ。園舎の造作（園庭デッキなど）を造り直す場合には、おおがかりな大工仕事をすることもある。保育に直接かかわることはほとんどないが、子どもたちがよりよい園生活を送れるためには、欠かせない仕事である。

この仕事に就くためには？
　公立幼稚園の場合には、行政の人材募集に応募する。私立幼稚園の場合には、園ごとの募集に応じる。一般的に特別な資格は必要とされていないが、目配りが利く、手先が器用、きれい好きなほうが、仕事に前向きにかつスムーズに取り組めることが多い。

ほかにもこんな仕事があるよ！

園バスの運転手

どんな仕事？

朝の登園時に、添乗員役を担う職員とともに、園で定めた「園バス停留所」をめぐり、登園を待つ子どもたちをつぎつぎと乗せて園に向かう。また、降園時には、再び子どもたちを乗せ、停留所ごとに子どもたちを降ろしていく。その送り迎えのさいには、停留所ごとに保護者と言葉を交わし、子どもたちの家庭でのようすを聞いて、必要な場合は、クラス担任に伝える。

この仕事に就くためには？

ほかの職種同様、公立幼稚園・私立幼稚園ともに、それぞれの人材募集に応募する。普通自動車運転免許証は必備。ただし、園バスの車種によっては、「大型免許」も必要となる。

この本ができるまで
――あとがきに代えて

　「保育園や幼稚園で働く人たちについて書きませんか」と声をかけていただいたのは2011年6月10日。東日本大震災発生の日から3カ月経ち、被災地の保育園や幼稚園のようすが、つぎつぎと伝わってきたころでした。地震や津波で子どもたちを亡くした園の先生方はどんなにかつらいお気持ちだったことでしょう。加えて、原発事故の影響で未だに子どもたちを戸外で遊ばせられないご心情を思うと、言葉もありません。

　園の先生方は、どなたも、何よりも子どもたちの幸せを願っていらっしゃいます。子どもたちを日々ていねいなまなざしで見つめ、どのように保育したら一人ひとりがより健やかに成長していくか、常に考えています。また、担任以外の職員の方々も子どもたちの育ちの場にかかわりたくて、保育園・幼稚園をご自分の仕事場として選んだ方々です。そう考えると、園での仕事はどれも、人の成長にかかわる、未来につながる、本当にすばらしい仕事ですね。今回、そのような仕事の数々を、これからご自身の将来の仕事を考えたい方々に紹介することができてとてもうれしく思っています。

　園での仕事について聞かせてくださった、鳩の森愛の詩保育園のみなさん、あんず幼稚園のみなさん、ありがとうございました。子どもたちとともに、先生方・職員のみなさん自身も成長していこうとなさるごようすに心を打たれました。そして、誠実にリードしてくださったぺりかん社の中川和美さん、すてきなイラストを描いてくださった山本州さん、また、校正、印刷・製本など制作にかかわってくださった方々にも厚く御礼申しあげます。ありがとうございました。この一冊が、子どもたちの未来にかかわろうとする方々に届くことを心から祈っています。

この本に協力してくれた人たち

あんず幼稚園
多田友恵さん、利根川彰博さん、羽田二郎さん、
松永輝義さん、武藤やよいさん

鳩の森愛の詩保育園
近江屋 希さん、瀬沼静子さん、林 望さん

鳩の森愛の詩あすなろ保育園
田辺久美子さん、林 和恵さん

鳩の森愛の詩瀬谷保育園
江原智史さん、安田亜希子さん

白梅学園大学・白梅学園短期大学
汐見稔幸さん

装幀：菊地信義

本文デザイン・イラスト：山本 州(raregraph)
本文DTP：吉澤衣代 (raregraph)

[著者紹介]
木村明子（きむら あきこ）

東京都生まれ。大学で教育学を学んだ後、制作会社で「住宅・建築」「食」などの媒体制作にかかわりフリーランス・エディターに。子ども・保育・教育のジャンルで雑誌原稿の執筆や単行本編集を行う。著書に『子どもと働く』、共著に『幼稚園教師になるには』（ともにぺりかん社）、『保育者論』『保育内容総論』『よくわかる教育原理』（ミネルヴァ書房）がある。

しごと場見学！――保育園・幼稚園で働く人たち
[デジタルプリント版]

2012年 9月10日　初版第1刷発行
2018年 1月31日　初版第1刷発行［デジタルプリント版］
2020年 8月31日　初版第5刷発行［デジタルプリント版］

著　者：木村明子
発行者：廣嶋武人
発行所：株式会社ぺりかん社
　　　　〒113-0033　東京都文京区本郷 1-28-36
　　　　TEL：03-3814-8515（営業）　03-3814-8732（編集）
　　　　http://www.perikansha.co.jp/
印刷・製本所：大日本印刷株式会社

ⓒ Kimura Akiko 2012
ISBN978-4-8315-1499-8
Printed in Japan

出版案内

しごと場見学！シリーズ

しごとの現場としくみがわかる！

第1期～第7期
全30巻

全国中学校進路指導・
キャリア教育連絡協議会 推薦

私たちの暮らしの中で利用する場所や、施設にはどんな仕事があって、どんな仕組みで成り立っているのかを解説するシリーズ。
豊富なイラストや、実際に働いている人たちへのインタビューで、いろいろな職種を網羅して紹介。本書を読むことで、「仕事の現場」のバーチャル体験ができます。

シリーズ第1期：全7巻

病院で働く人たち／駅で働く人たち／放送局で働く人たち／学校で働く人たち／介護施設で働く人たち／美術館・博物館で働く人たち／ホテルで働く人たち

シリーズ第2期：全4巻

消防署・警察署で働く人たち／スーパーマーケット・コンビニエンスストアで働く人たち／レストランで働く人たち／保育園・幼稚園で働く人たち

シリーズ第3期：全4巻

港で働く人たち／船で働く人たち／空港で働く人たち／動物園・水族館で働く人たち

シリーズ第4期：全4巻

スタジアム・ホール・シネマコンプレックスで働く人たち／新聞社・出版社で働く人たち／遊園地・テーマパークで働く人たち／牧場・農場で働く人たち

シリーズ第5期：全3巻

美容室・理容室・サロンで働く人たち／百貨店・ショッピングセンターで働く人たち／ケーキ屋さん・カフェで働く人たち

シリーズ第6期：全3巻

工場で働く人たち／ダム・浄水場・下水処理場で働く人たち／市役所で働く人たち

シリーズ第7期：全5巻

銀行で働く人たち／書店・図書館で働く人たち／クリニック・薬局で働く人たち／商店街で働く人たち／ごみ処理場・リサイクルセンターで働く人たち

一部の商品は［デジタルプリント版］となります。詳細は小社営業部までお問い合わせください。

| 各巻の仕様 | A5判／並製／160頁／定価：本体1900～2200円+税 |

出版案内

発見！しごと偉人伝 シリーズ
近現代の伝記で学ぶ職業人の「生き方」シリーズ

本シリーズの特色
- ●各巻がテーマとする分野で、近現代に活躍した偉人たちの伝記を収録。
- ●豊富な図、イラストで、重要ポイントや、基礎知識などをわかりやすく解説。

発見！しごと偉人伝①
医師という生き方
茨木 保 著

［本書に登場する偉人］
- 野口英世（医学者）
- 北里柴三郎（医学者）
- 荻野吟子（産婦人科・小児科医）
- 山極勝三郎（医学者）
- 荻野久作（産婦人科医・医学者）
- 永井 隆（放射線科医）
- ナイチンゲール（看護師）
- 国境なき医師団（NGO）

価格：本体1500円＋税
ISBN 978-4-8315-1272-7 C0047

発見！しごと偉人伝②
技術者という生き方
上山明博 著

［本書に登場する偉人］
- 糸川英夫（ロケット博士）
- 本田宗一郎（エンジニア）
- 屋井先蔵（発明起業家）
- 安藤 博（エンジニア）
- 内藤多仲（建築家）
- 田中耕一（エンジニア）

価格：本体1500円＋税
ISBN 978-4-8315-1313-7 C0037

発見！しごと偉人伝③
教育者という生き方
三井綾子 著

［本書に登場する偉人］
- ペスタロッチ（教育者）
- フレーベル（幼児教育者）
- モンテッソーリ（幼児教育者）
- コルチャック（教育者・小児科医）
- 緒方洪庵（教育者・医師）
- 福沢諭吉（教育者）
- 嘉納治五郎（教育者・柔道家）
- 津田梅子（教育者）
- 宮沢賢治（児童文学者）
- 大村はま（教育者）

価格：本体1500円＋税
ISBN 978-4-8315-1331-1 C0037

発見！しごと偉人伝④
起業家という生き方
小堂敏郎・谷 隆一 著

［本書に登場する偉人］
- 松下幸之助（起業家・パナソニック創業者）
- 井深 大（起業家・ソニー創業者）
- 盛田昭夫（起業家・ソニー創業者）
- 安藤百福（起業家・日清食品創業者）
- 小倉昌男（経営者・ヤマト運輸）
- 村田 昭（経営者・村田製作所）
- 江副浩正（起業家・リクルート創業者）
- スティーブ・ジョブズ（起業家・アップル創業者）

価格：本体1500円＋税
ISBN 978-4-8315-1371-7 C0034

発見！しごと偉人伝⑤
農業者という生き方
藤井久子 著

［本書に登場する偉人］
- 二宮金次郎（農業者）
- 青木昆陽（農学者）
- 船津伝次平（農業指導者）
- 中山久蔵（農業者）
- 福岡正信（農業者）
- 杉山彦三郎、松戸覚之助、阿部亀治（農業者）
- 西岡京治（農業指導者）
- 安藤昌益（思想家・農業者）

価格：本体1500円＋税
ISBN 978-4-8315-1384-7 C0061

各巻の仕様　四六判／並製カバー装／平均180頁　価格：本体1500円＋税

出版案内

会社のしごとシリーズ　全6巻
会社の中にはどんな職種があるのかな？

社会にでると多くの人たちが「会社」で働きます。会社には、営業や企画、総務といったしごとがありますが、これらがどういうしごとであるか、意外と正しく理解されていないのではないでしょうか？
このシリーズでは、会社の職種を6つのグループに分けて分かりやすく紹介し、子どもたちに将来のしごとへの理解を深めてもらうことを目指します。

松井大助 著

① 売るしごと
営業・販売・接客
ISBN 978-4-8315-1306-9

お客さまと向き合い、会社の商品であるモノやサービスを買ってもらえるように働きかける「営業・販売・接客」のしごと。実際に働く14名へのインタビューを中心に、くわしく紹介します。

② つくるしごと
研究・開発・生産・保守
ISBN 978-4-8315-1323-6

ニーズにあった形や色・機能の商品を、適切な技術と手順で商品に仕上げ、管理する「研究・開発・生産・保守」のしごと。実際に働く14名へのインタビューを中心に、くわしく紹介します。

③ 考えるしごと
企画・マーケティング
ISBN 978-4-8315-1341-0

新たなモノやサービスを考え出し、お客様に買ってもらうための作戦を立てる「企画・マーケティング」のしごと。実際に働く14名へのインタビューを中心に、くわしく紹介します。

④ 支えるしごと
総務・人事・経理・法務
ISBN 978-4-8315-1350-2

各部門の社員が十分に力を発揮できるように、その活動をサポートする「総務・人事・経理・法務」のしごと。実際に働く14名へのインタビューを中心に、くわしく紹介します。

⑤ そろえるしごと
調達・購買・生産管理・物流
ISBN 978-4-8315-1351-9

工場やお店に必要なモノがそろうように手配する「調達・購買・生産管理・物流」のしごと。実際に働く14名へのインタビューを中心に、くわしく紹介します。

⑥ 取りまとめるしごと
管理職・マネージャー
ISBN 978-4-8315-1352-6

みんながいきいきと働いて、目的を達成できるように取りまとめる「管理職・マネージャー」のしごと。実際に働く14名へのインタビューを中心に、くわしく紹介します。

各巻の仕様	A5判／上製カバー装／平均160頁　　価格：本体2800円＋税

出版案内

探検! ものづくりと仕事人
仕事人が語る、ものづくりのおもしろさ！　全5巻

本シリーズの特色
- その商品ができるまでと、かかわる人たちをMAPで一覧！
- 大きな写真と豊富なイラストで、商品を大図解！
- できるまでの工場見学をカラーページで紹介！
- 仕事人のインタビューから、仕事のやりがいや苦労がわかる！
- 歴史や知識もわかる、豆知識ページつき！

マヨネーズ・ケチャップ・しょうゆ
山中伊知郎 著

ISBN 978-4-8315-1329-8

マヨネーズ マヨネーズができるまでを見てみよう！ マヨネーズにかかわる仕事人！ **ケチャップ** ケチャップができるまでを見てみよう！ ケチャップにかかわる仕事人！ **しょうゆ** しょうゆができるまでを見てみよう！ しょうゆにかかわる仕事人！ まめちしき（マヨネーズの歴史 他）

ジーンズ・スニーカー
山下久猛 著

ISBN 978-4-8315-1335-9

ジーンズ ジーンズができるまでを見てみよう！ ジーンズにかかわる仕事人！ **スニーカー** スニーカーができるまでを見てみよう！ スニーカーにかかわる仕事人！ まめちしき（ジーンズの歴史・生地の話、スニーカーの歴史、スニーカーの選び方）

シャンプー・洗顔フォーム・衣料用液体洗剤
浅野恵子 著

ISBN 978-4-8315-1361-8

シャンプー シャンプーができるまでを見てみよう！ シャンプーにかかわる仕事人！ **洗顔フォーム** 洗顔フォームができるまでを見てみよう！ 洗顔フォームにかかわる仕事人！ **衣料用液体洗剤** 衣料用液体洗剤ができるまでを見てみよう！ 衣料用液体洗剤にかかわる仕事人！ まめちしき（シャンプーの歴史 他）

リップクリーム・デオドラントスプレー・化粧水
津留有希 著

ISBN 978-4-8315-1363-2

リップクリーム リップクリームができるまでを見てみよう！ リップクリームにかかわる仕事人！ **デオドラントスプレー** デオドラントスプレーができるまでを見てみよう！ デオドラントスプレーにかかわる仕事人！ **化粧水** 化粧水ができるまでを見てみよう！ 化粧水にかかわる仕事人！ まめちしき（リップクリームの歴史 他）

チョコレート菓子・ポテトチップス・アイス
戸田恭子 著

ISBN 978-4-8315-1368-7

チョコレート菓子 チョコレート菓子ができるまでを見てみよう！ チョコレート菓子にかかわる仕事人！ **ポテトチップス** ポテトチップスができるまでを見てみよう！ ポテトチップスにかかわる仕事人！ **アイス** アイスができるまでを見てみよう！ アイスにかかわる仕事人！ まめちしき（チョコレート菓子の歴史 他）

| 各巻の仕様 | A5判／上製カバー装／平均128頁／一部カラー　　価格：本体2800円＋税 |

【なるにはBOOKS】

税別価格 1170円～1600円

- ❶ パイロット
- ❷ 客室乗務員
- ❸ ファッションデザイナー
- ❹ 冒険家
- ❺ 美容師・理容師
- ❻ アナウンサー
- ❼ マンガ家
- ❽ 船長・機関長
- ❾ 映画監督
- ❿ 通訳者・通訳ガイド
- ⓫ グラフィックデザイナー
- ⓬ 医師
- ⓭ 看護師
- ⓮ 料理人
- ⓯ 俳優
- ⓰ 保育士
- ⓱ ジャーナリスト
- ⓲ エンジニア
- ⓳ 司書
- ⓴ 国家公務員
- ㉑ 弁護士
- ㉒ 工芸家
- ㉓ 外交官
- ㉔ コンピュータ技術者
- ㉕ 自動車整備士
- ㉖ 鉄道員
- ㉗ 学術研究者(人文・社会科学系)
- ㉘ 公認会計士
- ㉙ 小学校教師
- ㉚ 音楽家
- ㉛ フォトグラファー
- ㉜ 建築技術者
- ㉝ 作家
- ㉞ 管理栄養士・栄養士
- ㉟ 販売員・ファッションアドバイザー
- ㊱ 政治家
- ㊲ 環境スペシャリスト
- ㊳ 印刷技術者
- ㊴ 美術家
- ㊵ 弁理士
- ㊶ 編集者
- ㊷ 陶芸家
- ㊸ 秘書
- ㊹ 商社マン
- ㊺ 漁師
- ㊻ 農業者
- ㊼ 歯科衛生士・歯科技工士
- ㊽ 警察官
- ㊾ 伝統芸能家
- ㊿ 鍼灸師・マッサージ師
- 51 青年海外協力隊員
- 52 広告マン
- 53 声優
- 54 スタイリスト
- 55 不動産鑑定士・宅地建物取引主任者
- 56 幼稚園教諭
- 57 ツアーコンダクター
- 58 薬剤師
- 59 インテリアコーディネーター
- 60 スポーツインストラクター
- 61 社会福祉士・精神保健福祉士
- 62 中小企業診断士
- 63 社会保険労務士
- 64 旅行業務取扱管理者
- 65 地方公務員
- 66 特別支援学校教諭
- 67 理学療法士
- 68 獣医師
- 69 インダストリアルデザイナー
- 70 グリーンコーディネーター
- 71 映像技術者
- 72 棋士
- 73 自然保護レンジャー
- 74 力士
- 75 宗教家
- 76 CGクリエータ
- 77 サイエンティスト
- 78 イベントプロデューサー
- 79 パン屋さん
- 80 翻訳家
- 81 臨床心理士
- 82 モデル
- 83 国際公務員
- 84 日本語教師
- 85 落語家
- 86 歯科医師
- 87 ホテルマン
- 88 消防官
- 89 中学校・高校教師
- 90 動物看護師
- 91 ドッグトレーナー・犬の訓練士
- 92 動物園飼育員・水族館飼育員
- 93 フードコーディネーター
- 94 シナリオライター・放送作家
- 95 ソムリエ・バーテンダー
- 96 お笑いタレント
- 97 作業療法士
- 98 通関士
- 99 杜氏
- 100 介護福祉士
- 101 ゲームクリエータ
- 102 マルチメディアクリエータ
- 103 ウェブクリエータ
- 104 花屋さん
- 105 保健師・養護教諭
- 106 税理士
- 107 司法書士
- 108 行政書士
- 109 宇宙飛行士
- 110 学芸員
- 111 アニメクリエータ
- 112 臨床検査技師
- 113 言語聴覚士
- 114 自衛官
- 115 ダンサー
- 116 ジョッキー・調教師
- 117 プロゴルファー
- 118 カフェオーナー・カフェスタッフ・バリスタ
- 119 イラストレーター
- 120 プロサッカー選手
- 121 海上保安官
- 122 競輪選手
- 123 建築家
- 124 おもちゃクリエータ
- 125 音響技術者
- 126 ロボット技術者
- 127 ブライダルコーディネーター
- 128 ミュージシャン
- 129 ケアマネジャー
- 130 検察官
- 131 レーシングドライバー
- 132 裁判官
- 133 プロ野球選手
- 134 パティシエ
- 135 ライター
- 136 トリマー
- 137 ネイリスト
- 138 社会起業家
- 139 絵本作家
- 140 銀行員
- 141 警備員・セキュリティスタッフ
- 142 観光ガイド
- 143 理系学術研究者
- 144 気象予報士・予報官
- 145 ビルメンテナンススタッフ
- 146 義肢装具士
- 147 助産師
- 148 グランドスタッフ
- 149 診療放射線技師
- 150 視能訓練士
- 151 バイオ技術者・研究者
- 152 救急救命士
- 153 臨床工学技士
- 154 講談師・浪曲師
- 155 ＡＩエンジニア
- 補巻21 医薬品業界で働く
- 補巻22 スポーツで働く
- 補巻23 証券・保険業界で働く
- 補巻24 福祉業界で働く
- 補巻25 教育業界で働く
- 補巻26 ゲーム業界で働く
- 別巻 中高生からの選挙入門
- 別巻 小中高生におすすめの本300
- 別巻 学校図書館はカラフルな学びの場
- 別巻 東京物語散歩100
- 別巻 学校司書と学ぶレポート・論文作成ガイド
- 別巻 ミュージアムを知ろう
- 別巻 もっとある！小中高生におすすめの本220
- 学部調べ 看護学部・保健医療学部
- 学部調べ 理学部・理工学部
- 学部調べ 社会学部・観光学部
- 学部調べ 文学部
- 学部調べ 工学部
- 学部調べ 法学部
- 学部調べ 教育学部
- 学部調べ 医学部
- 学部調べ 経営学部・商学部
- 学部調べ 獣医学部
- 学部調べ 栄養学部
- 学部調べ 外国語学部
- 学部調べ 環境学部
- 学部調べ 教養学部
- 学部調べ 薬学部

※ 一部品切・改訂中です。　　　2020.07.